感谢武汉轻工大学经济与管理学院提供的出版资助

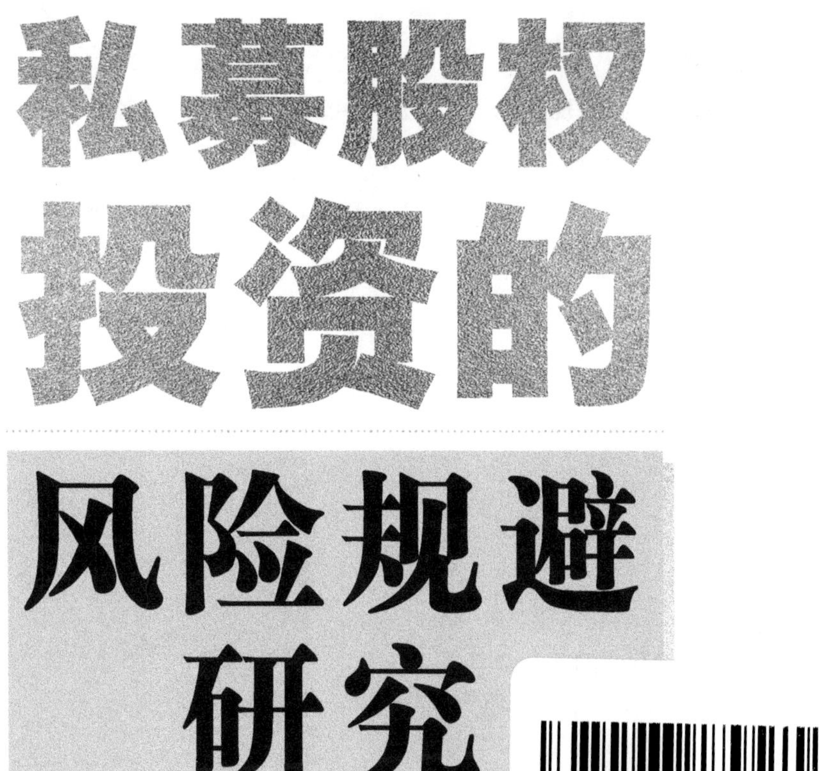

私募股权投资的风险规避研究

张旭波 ◎ 著

企业管理出版社
ENTERPRISE MANAGEMENT PUBLISHING HOUSE

图书在版编目（CIP）数据

私募股权投资的风险规避研究/张旭波著.—北京：企业管理出版社，2019.11

ISBN 978-7-5164-2054-6

Ⅰ.①私… Ⅱ.①张… Ⅲ.①股权-投资基金-风险管理-研究 Ⅳ.①F830.59

中国版本图书馆 CIP 数据核字（2019）第 239486 号

书　　名：私募股权投资的风险规避研究
作　　者：张旭波
责任编辑：赵喜勤
书　　号：ISBN 978-7-5164-2054-6
出版发行：企业管理出版社
地　　址：北京市海淀区紫竹院南路 17 号　　**邮编**：100048
网　　址：http://www.emph.cn
电　　话：编辑部（010）68420309 发行部（010）68701816
电子信箱：zhaoxq13@163.com
印　　刷：北京虎彩文化传播有限公司
经　　销：新华书店
规　　格：170 毫米 × 240 毫米　16 开本　11.25 印张　160 千字
版　　次：2019 年 12 月第 1 版　2019 年 12 月第 1 次印刷
定　　价：58.00 元

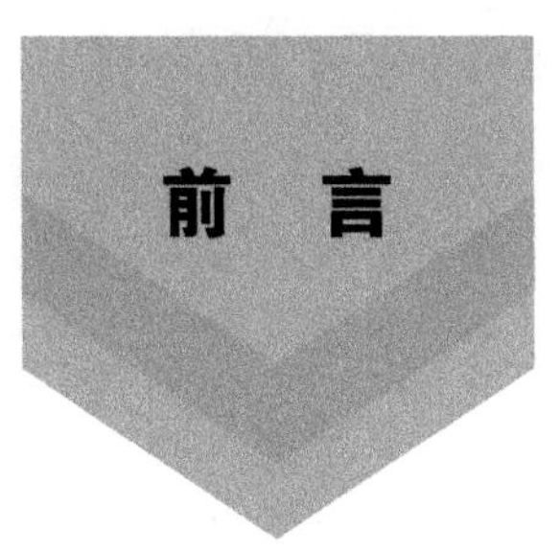

前　言

私募股权投资是以股权投资的方式投资于企业生命周期的不同阶段，在持有一定时期后获利退出的一种投资方式。私募股权投资对于促进中小企业的发展，企业改制及资产重组、转型等具有重要的意义，而其本身所具有的不透明、不流动等特征又使其在运作过程中面临许多风险，因此，合理管理和规避风险是私募股权投资研究中的重要课题。

在此背景下，本书在以下几方面进行了探索。

从私募股权投资单一投资阶段的联合投资伙伴选择的风险规避问题入手，运用模糊选优的方法从联合成本、声誉、组织相容性和资源互补性四个方面对联合投资伙伴进行综合评价，分别以收益最大和风险最小为目标，构造了以风险目标加权的最优收益模型，推导出了在风险加权的情况下，单一投资阶段联合投资伙伴的最佳选择。在此基础上，运用动态规划方法构建了多阶段联合投资伙伴选择的风险规避模型，推导出多阶段联合投资伙伴的最佳选择。

应用期权博弈理论的方法和模型，对不确定环境下的二阶段私募股权投资决策的相关风险与预期收益进行分析和数学描述，建立了私募股权投资决策的期权价值模型。在期权模型的基础上，对被投资企业与私募股权投资公司之间的信息不对称情况进行了分析，将私募股权投资公司与拟投资企业之间的博弈归结为具有不完全信息的动态博弈——信号博弈，求出了信号博弈的合并完美贝叶斯均衡解。

对私募股权投资中的委托代理问题进行了理论研究，建立了不考虑企业家和私募股权投资公司基金经理能力约束的代理问题博弈分析模型。在此基础上，考虑到在受企业家和私募股权投资基金经理能力与经验限制的情况下，企业家和私募股权投资基金经理的努力不能完全转化为有效产出，专门建立了具有能力和经验约束的委托代理风险规避的博弈模型，求出了完美贝叶斯均衡解。发现在博弈均衡时，提高企业家的分配比例，可以使企业家努力的成本下降，进而刺激企业家努力，私募股权投资公司就可以较低的成本对其进行监控；私募股权投资公司的收益是企业家风险厌恶程度的减函数，企业家的风险厌恶程度越低，私募股权投资公司的收益就越高。

分析了不同退出程度、不同退出类型和不同退出时机给私募股权投资退出过程带来的风险，并对退出过程中人力资源、执行管理、时间安排和退出成本、退出宣传及聘请退出顾问等执行风险进行了分析，将退出风险的影响因素归结为退出收益率、退出成本、退出程度、退出变现的速度、退出相关人员的态度、退出环境 6 个主要方面，并以 18 个子指标对这 6 个方面的风险加以评价，提出了以风险加权的收益为评价总目标的灰色关联度私募股权投资退出风险规避模型，求出了以风险加权的收益为目标的退出选择的最优顺序。

目　录

1 绪 论

1.1 研究背景

进入21世纪以来，私募股权投资在我国得到了快速发展。根据ChinaVenture旗下的数据库产品CVSource统计，2008年1月1日至2009年1月1日，我国大陆共发生私募股权投资案例1405起，其中风险投资类641起，涉及投资金额152.29亿美元；并购案例764起，其中已披露金额并购案例606起，涉及并购金额1003.73亿美元。2008年1月1日至2009年1月1日，实现IPO（首次公开募股）的私募股权投资企业共133家，募集金额230.16亿美元。私募股权投资的急剧增加，大大促进了我国中小企业的发展，推动了企业改制转型和产业结构的调整，为我国经济发展注入了新的动力。鉴于私募股权投资自身的高风险、不公开、不透明、长期持有等特性，如何对私募股权投资进行管理以促进其顺利发展，并合理规避发展中的风险就显得越来越重要。本书正是基于这一考虑，从私募股权投资的特点出发，对私募股权投资中的相关风险及其规避问题进行分析和研究，以期对私募股权投资的风险管理有所帮助。

1.1.1 私募股权投资的产生与发展沿革

一些学者认为私募股权投资起源于19世纪80年代至20世纪20年代之间。因为在这期间，美国的家族办公室管理着富裕家族和个人的财富。洛克菲勒家族、范德比尔特家族和惠特尼家族等都大量地投资于实体企业，例如 AT&T（美国电话电报公司）、McDonald-Douglas①、Eastern Airlines②。为了用家族财富进行投资，这些家族开始吸收外部人来承担挑选和投资工作（Lerner & Hardymon，2002）。但大量的学术文献认为私募股权投资市场是“二战”时在美国和欧洲同时发展起来的。

学术界普遍认为最早的正式的私募股权投资公司是 1946 年在美国成立的美国研究与发展公司（ARD，由时任麻省理工学院院长 Karl Compton 和哈佛大学教授 Georges Doriot 以及当地的商业领袖共同投资设立）。ARD 为美国优秀的创新型企业和早期企业提供股权投资。在 ARD 成立之后的 10 年中，只有少量的私募股权投资基金成立。从那时起，私募股权投资行业在美国得到了持续的发展，但从 1946 年到 20 世纪 80 年代初每年新进入私募股权投资市场的资本只有几亿美元。在 20 世纪 70 年代后期，美国对被称为“谨慎人”的法律条款进行了修改③，允许养老基金投资于私募股权基金，并于 1978 年调低了资本所得税率。1978 年，有 4.24 亿美元被投入了新的风险投资基金，其中最大的资本提供者——养老基金提供了 15%的资本。1986 年，有超过 40 亿美元的资本进入到风险投资，其中养老基金占投资资本的比例超过一半（Gompers & Lerner，2000）。

投入美国风险投资行业的资本在维持了将近 10 年的稳定增长之后，于 20 世纪 80 年代后期发生了逆转。在 1987—1991 年，由于投资者对投资回报的失望，年度委托资本下降了 68%（Gompers & Lerner，2000）。在 20 世纪 90 年代中后期，公开发行股票市场环境的改善和许多无经验的风险投资家的退出，使得私募股权投资行业的回报增加。新的委托资本随之而来，在 1991—1997 年间增长超过了 14%。1994 年，美国投资于小企业并持有超过 5 年的资本利得税由 28%降为 14%，进一步刺激资本注入私募股权投资行业（Gompers & Lerner，

①麦克唐纳—道格拉斯公司（McDonald-Douglas Corporation）是美国的一家制造飞机和导弹的大型垄断企业，1939 年由詹姆斯·麦克唐纳创办，也称麦克唐纳飞机公司。1967 年兼并道格拉斯飞机公司，1997 年与波音公司合并。

②东方航空公司，成立于 1926 年，于 1991 年倒闭，曾经是美国四大航空公司之一。

③在 1979 年之前，美国《雇员退休收入安全法案》（ERISA）限制养老基金投资大量的资本到风险投资或其他高风险的资产分类。

1998b)。1994 年，纳斯达克证券交易所（NASDAQ）成立，允许小的并且通常不赚钱但高增长的企业在纳斯达克上市，这给私募股权投资从投资组合公司退出提供了便利，成为私募股权投资发展的关键里程碑。

Müller（2008）将私募股权投资定义为所有投资于面临公司发展转折情况的非公开上市的封闭持有的公司股权的投资。Fenn、Liang & Prowse（1995）指出私募股权投资的股权包括所有形式的具有股权特征的证券投资。例如普通股、可转换优先股、具有转换权力或授权的次级债等。与上市交易股权相反，私募股权通常对未上市公司的股权进行交易。风险投资和杠杆收购被认为是私募股权投资的内核。Gompers & Lerner（2001）则把风险投资与私募股权投资分离开来，将私募股权投资定义为以杠杆收购为主要构成形式，通常投资于成熟企业的股权；相反，他们将风险投资定义为通过“独立的、专业的管理募集的资本，专门投资于高成长性的非公开发行的股权或与股权相联系的公司”。欧洲风险投资协会（EVCA）将风险投资定义为私募股权投资的一个子集（EVCA，1998）：“私募股权投资对未在股票交易市场上上市的企业提供权益资本。私募股权投资被用于开发新产品和新技术，增加运营资本，收购公司，或强化一个公司的平衡表。私募股权投资也被用于解决所有权和管理问题，如继承家族企业，或者由经验丰富的管理者买断或购买被收购企业。严格地讲，风险投资是私募股权投资的一个子集。风险投资指投资于企业的开办期、早期发展阶段，或者企业扩张阶段的权益资本。在不同的国家，私募股权投资和风险投资的含义也有差异。在欧洲，这两个词通常交替使用。因而风险投资也包含外部管理层收购或内部管理层购入（MBO/MBIs）。这与美国正好相反，在美国外部管理层收购或内部管理层购入（MBO/MBIs）没有被归类为风险投资”。虽然大多数的私募股权投资于非上市公司，但也有一部分私募股权投资于上市公司的股权，这种现象被称为私募股权投资于上市公司股权（Private Investment in Public Equity，PIPE）。PIPE 投资通常占一个上市公司的较小一部分股份。综上可见，私募股权投资是指以私募的方式募集资金，投资于企业生命周期中的各个不同发展阶段，在持有一段时间后退出获利的各种形式的股权资本或与股权相关的资本投资方式。

随着投入私募股权投资行业的资本流的增长，涌现出大量私募股权投资公司。私募股权投资公司开始分工，专注于私募股权投资的一个方面，例如专注于早期阶段的风险投资、杠杆收购、麦则恩投资等。私募股权投资行业在这一时期的另一个重要变化是有限合伙企业作为一种主要的组织形式出现①。最初的有限合伙企业 Draper、Gaither and Anderson 成立于 1958 年。

Lerner（1999）将私募股权投资组织定义为一个专注于风险投资（Venture Capital）、杠杆收购（Leveraged Buyouts）、麦则恩投资②（Mezzanine Capital）、业内购并（Build-ups）、不良债权（Distressed Debt）和其他相关投资的合伙企业。私募股权投资通常以有限合伙的形式组成私募股权投资基金，投资者为有限合伙人，通常为机构投资者如养老基金、保险公司、大学捐赠基金和富有的个人或家庭投资者，一般占私募股权投资基金份额的 99%；经营者为私募股权投资公司，是私募股权投资基金的普通合伙人，通常占私募股权投资基金份额的 1%。私募股权投资的组织结构如图 1-1 所示。

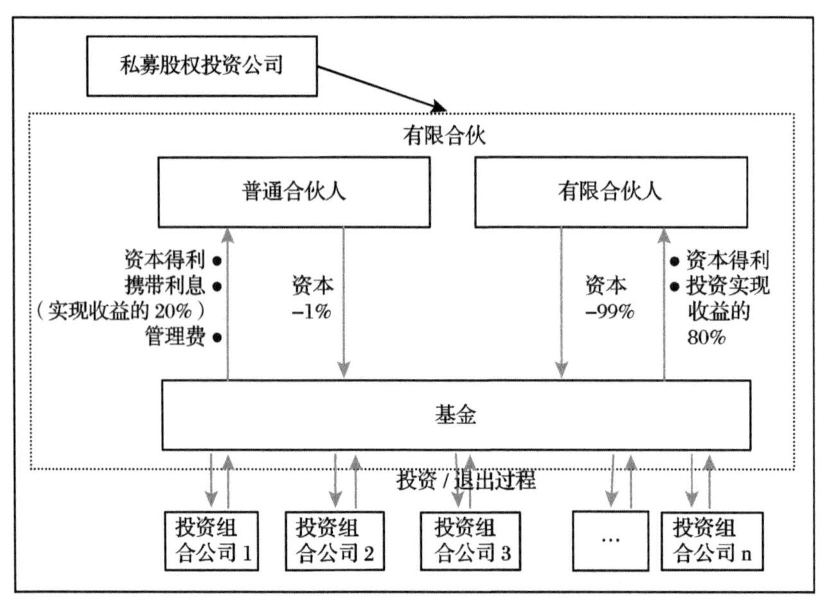

图 1-1 私募股权投资的组织结构

①大多数早期的私募股权投资以公开交易的封闭式基金形式出现，见 Lerner & Hardymon（2002）。

②麦则恩投资是指一项投资混合了债券和股权契约特征，称为 Mezzanine Capital，见 Müller（2008）。

1.1.2 私募股权投资活动与市场结构

学术界和私募股权投资从业者的一些文献力图对众多的私募股权投资进行分类，不同的分类方法对特定子类型的定义不同。多数分类是基于所投资的投资组合公司的发展阶段确定的。Pratt（1981）将私募股权投资分为六个阶段，被私募股权投资行业广泛应用，并成为其他划分方法的基础。这六个阶段的主要内容见表 1-1。

表 1-1 Pratt（1981）的私募股权投资阶段分类

分类	定义
种子期投资	对一个商业设想的发展提供少量的资本
设立期投资	为产品开发和最初市场活动提供需要的资本
第一期投资	为产品生产和商业化提供投资
第二期投资	为年轻企业的第一个成长期提供周转资金和所需资金
第三期投资	为成长期公司提供扩张所需资金
过桥投资	为上市前的公司提供最后轮次的投资

Kraft（2001）把 Pratt（1981）的六阶段分类和 Fenn、Liang & Prowse（1995）的企业生命周期分类方法进行联系和综合，提出“重振投资”也是私募股权投资的一种核心种类。他的分类概述如图 1-2 所示。

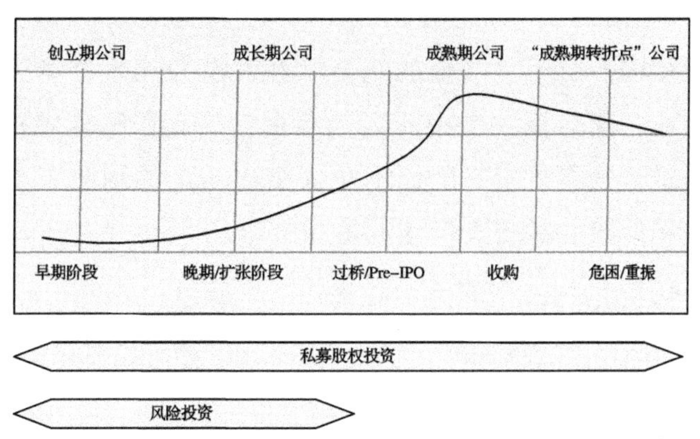

图 1-2 私募股权投资分类

资料来源：Kraft（2001）。

Kraft（2001）将风险投资解释为私募股权投资的一个子集。他的观点与大多数美国文献的观点相一致，五个投资阶段与 Fenn、Liang&Prowse（1995）的划分类似。关键的不同是 Kraft（2001）没有在最后的阶段区分公开上市的公司和私人公司。另外，他还把公司的价值与各投资阶段紧密联结在一起，标出了各阶段的公司价值特征。Kraft（2001）提供了一个简单且较好的表现方法对私募股权投资活动进行分类，将不同的分类方法与企业生命周期的概念联系到一起。本书认为 Kraft（2001）的分类能全面而综合地反映私募股权投资的特征。

私募股权市场由三种主要市场参与者组成（Fenn、Liang & Prowse，1995）：首先是私募股权的“发行者”——接受私募股权基金投资的公司；其次是“中间人”——私募股权投资组织；最后是“投资者”——为私募股权投资公司提供资本的人。在这些核心市场行动者之外，还有为三个主要市场参与者服务的顾问和代理人。这些顾问和代理人作为市场的帮助者，其目标是提高市场效率和市场透明度（Lerner & Hardymon，2002；Fenn、Liang & Prowse，1995）。其中，私募股权投资公司的代理人为私募股权基金寻找投资者，投资者的投资顾问帮助投资者评估私募股权基金，或者为投资者管理一个投资组合基金，他们被称为“基金的基金”①。

本研究采用 Fenn、Liang & Prowse（1995）的方法来划分私募股权投资的市场结构。由于“基金的基金”在私募股权投资者和私募股权投资合伙企业之间扮演一个中介人的角色，没有在私募股权投资机构之外直接地进行资本投资，因而不能证明“基金的基金”与其他三种私募股权市场的核心参与者群体同等重要。图 1-3 描述了私募股权投资市场的总结构。

①由于“基金的基金”的重要性不断增长，Kraft（2001）添加他们为第四种市场的核心参与者，而不是把他们看作顾问或代理人。

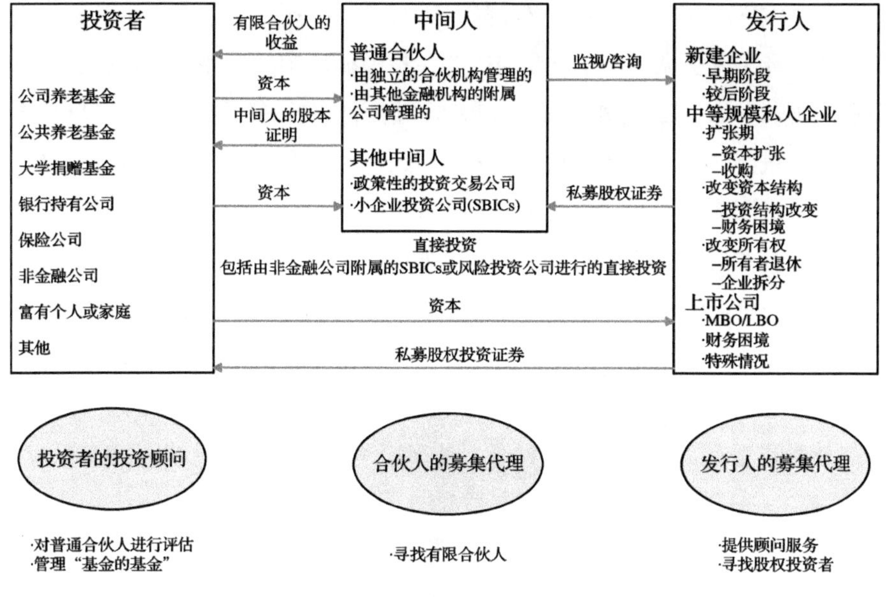

图 1-3 私募股权投资市场结构

1.1.3 私募股权投资循环

Wright & Robbie（1998）通过直接观察私募股权投资活动，把私募股权投资活动分为10个阶段：私募股权投资基金的募集，私募股权投资交易的产生，初步筛选，二次筛选、评估和尽职调查，批准交易并构造投资，投资后监控，投资实现——退出私募股权投资组合公司，企业家（管理层）从投资组合公司退出及对其评估，对退出后的企业进行监视，企业家退出后的职业生涯——退休、做顾问、接受另外的私募股权投资再创业、成为职业经理人。Wright & Robbie（1998）提出的私募股权投资循环强调了私募股权投资全过程的动态特性和私募股权投资活动中的各关联方，例如投资者、私募股权投资公司、被投资企业企业家之间的相互作用。

Fenn、Liang&Prowse（1995）则把私募股权投资交易分为4个主要步骤：选择投资（包括尽职调查和结成联合投资伙伴），构造投资（确定投资所占的股份比例和对管理层的激励），管理投资，退出投资。Fenn、Liang &

Prowse（1995）提出的私募股权投资循环如图 1-4 所示。他们提出的私募股权投资循环主要强调了两个重要的概念在投资循环中的作用：联合投资和管理层激励。Fenn、Liang & Prowse（1995）指出，在私募股权投资中，联合投资是一项重要的活动。私募股权投资公司经常由两个或两个以上的公司结成联合投资银团或联盟对一个目标公司投资，当投资目标的规模较大时，联合投资更是基本的风险规避方法。另外，Fenn、Liang&Prowse（1995）提出的私募股权投资循环更强调运用适当的方法（如管理层持股计划）对被投资企业的企业家或管理层进行激励的重要性。他们把对企业家的激励放入股权资本的构造中，明确规定对企业家（管理层）的激励包括：激励的工具（可转换债券或普通股等），报酬契约，董事会的席位和投资权的分配等。因

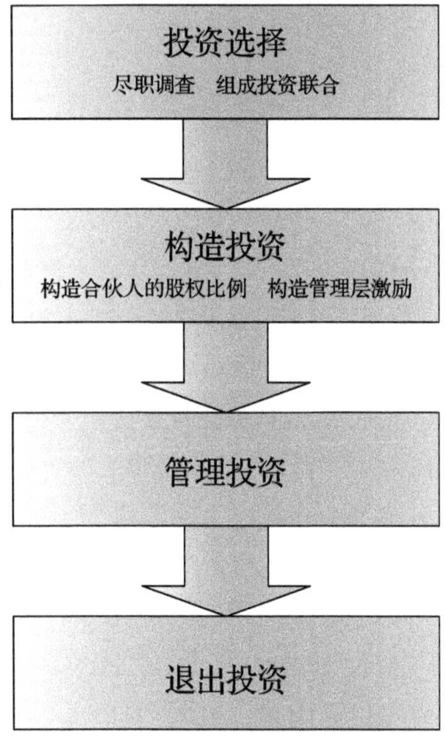

图 1-4　私募股权投资循环阶段

资料来源：Fenn、Liang & Prowse（1995）。

此，相对于 Wright & Robbie（1998）的 10 个步骤，Fenn 、Liang & Prowse（1995）提出的 4 个步骤则更加简单明了。本书采用 Fenn、Liang & Prowse（1995）的分类方法，把私募股权投资的一次循环分为 4 个步骤：投资选择，构造投资，管理投资，退出投资。

1.2 研究意义

私募股权投资作为金融创新和产业创新结合的产物，不但为新兴公司提供了创业和持续发展所需的宝贵资金，催生了新的产业，而且对已有产业的升级、结构调整和产业重组提供了资金和管理支持，促进了产业结构的升级，增加了就业机会，对一个国家经济的持续发展、科学技术的进步和新经济的出现起到了巨大的推动作用。私募股权投资是一个高风险、高回报的行业，因此风险管理在私募股权投资中尤为重要。在充分吸取发达国家有益经验的基础上，尽快建立起既符合国际规范，又适合中国国情的较为完善的私募股权投资风险评估与控制机制，对于私募股权投资的发展至关紧要。在当前流动性过剩的经济形势和金融环境下，积极探索私募股权投资的风险评估方法，正确地量化私募股权投资中的风险，防止资产泡沫和潜在的金融风险，以促进私募股权投资持续健康发展，显得尤为重要。本书的研究意义主要在于以下四方面。

第一，有利于私募股权投资公司正确分析投资决策中所面临的风险。私募股权投资作为一种非公开的、不透明的、不可逆的投资，在投资实施过程中存在大量的风险因素。本书以信息不对称问题为出发点，对私募股权投资过程中可能出现的各种风险进行了系统分析和评估，有利于私募股权投资公司全面正确地认识风险，并在此基础上考虑对风险的管理和规避。

第二，有利于私募股权投资公司正确评估投资中所面临的风险。风险的量化是私募股权投资中的重要一环。私募股权投资者投资于私募股权投资基金的目的是取得风险调节后的高收益。因此，客观公正地对风险进行量化，对于私募股权投资的绩效评价至关重要。风险的量化既要符合投资风险评价的相关理论，又要符合私募股权投资的实际背景，并且使私募股权投资者和私募股权投资管理人都能接受。这就要求私募股权投资的风险评估方法有相当的“公信度”，而这种“公信度”是建立在完善的理论支持基础上的。本书所提供的风险度量和评价方法是建立在前人研究证实的方法的基础之上，因而具备这种“公信度”。

第三，有利于私募股权投资公司合理规避投资中存在的风险。在正确地认识和分析现存风险和潜在风险的基础上，本书为私募股权投资公司合理地规避投资中存在的风险指明了方向，以期减少私募股权投资公司的风险敞口，提高投资的安全级别。

第四，有利于私募股权投资公司系统评估投资项目。对一项投资项目的评估，不但要预测其未来的收益，也需要评价潜在的风险。本书系统地分析了私募股权投资的风险，对联合投资的风险、委托代理的风险、项目选择的风险、项目退出的风险一一进行了理论分析，有利于投资者对投资项目进行系统合理的评估，并在系统评估的基础上对私募股权投资的风险调整的收益进行评价。

1.3 研究方法

本书采用的研究方法如图 1-5 所示，分为六个步骤：查阅相关文献—分析风险—描述问题—建立数学模型—计算模型的解析解—实例演示。本书根据私募股权投资面临风险的不同，分别采用了四种不同的方法对私募股权投资的风险规避问题进行了研究。

对于私募股权投资在联合投资中面临的合作伙伴选择问题，由于私募股权投资公司在选择伙伴时对某些伙伴的评价指标无法完全量化，并不能确切掌握，带有一些模糊的特征，本书以模糊评价的方法对联合投资合作伙伴的选择风险进行评估，推导出选择合作伙伴的确切方案，以规避选择风险。私募股权投资公司的项目投资决策是私募股权投资最重要的决策，

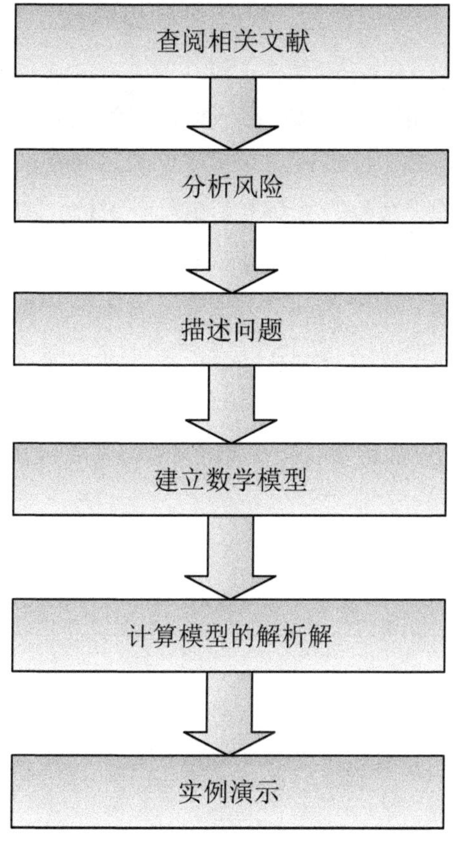

图 1-5　研究方法示意图

传统的项目评价方法主要有净现值法、内部收益率法、投资乘数法等，但这些方法无法对投资的未来收益进行动态的估计。因此，本书采用期权博弈的方法来评估私募股权投资的收益。

代理风险是私募股权投资中最主要的风险，代理理论则是私募股权投资问题研究的总的框架性理论。由于代理风险在私募股权投资中的内生性和不可避免性，投资者只能从控制和减轻代理风险的角度来实现对代理风险的部分规避，这就涉及委托人与代理人之间的博弈，以及建立在这个博弈之上的投资契约的设计。在分析代理风险的基础上，本书以博弈论为基础，对私募股权投资中的代理风险提出了无能力约束和有能力约束的私募股权投资委托代理的博弈模型，以评估私募股权投资公司面临的代理风险。

私募股权投资退出路径的风险评估指标多为主观评估指标，如退出环境、相关人员的态度等。这些指标是多层次的、复杂的，而且评价是建立在评价者的知识水平、认识能力和个人偏好之上的，因而很难完全排除人为因素带来的偏差，这就使得评价者在评价中提供的评价信息不准确、不完全，而具有“灰色”性。因此，本书在综合考察各种评价方法之后，运用灰色关联度评价法对私募股权投资退出选择进行评价，以规避退出过程中存在的风险。

1.4 研究内容

1.4.1 主要内容

本书主要内容分为七章。

第一章介绍了私募股权投资的相关理论知识和背景，概述了本书研究的意义、方法和内容。

第二章对私募股权投资中的投资绩效、投资选择与构造问题，风险控制机制与区域风险差异问题，联合投资问题，委托代理问题和退出问题的相关研究文献进行了综述。

第三章对私募股权投资中联合投资合作伙伴选择的风险规避问题进行了分析，建立了联合投资合作伙伴选择的风险规避模型，并以 HP 公司多阶段联合投资伙伴选择实例对模型进行了演示。

第四章分析了私募股权投资项目选择中的风险，建立了项目选择风险规避的期权博弈模型，求出了模型的解析解，并以 ML 公司投资 LHMY 公司的期权博弈计算实例对模型进行了演示。

第五章对私募股权投资中的委托代理风险进行了分析，提出了私募股权投资公司与被投资企业管理层之间的委托代理博弈模型，并以 SZCXT 公司投资 LD 公司为例对模型进行了演示。

第六章对私募股权投资退出路径选择的风险进行了分析，提出了规避退出路径选择风险的灰色关联度评价模型，并以 LX 投资从 KDXF 公司退出路径选择实例对模型进行了演示。

第七章对全书内容及研究结论进行了总结，并对有待进一步深入研究的方面进行了展望。

1.4.2 全书结构

全书结构安排如图 1-6 所示。

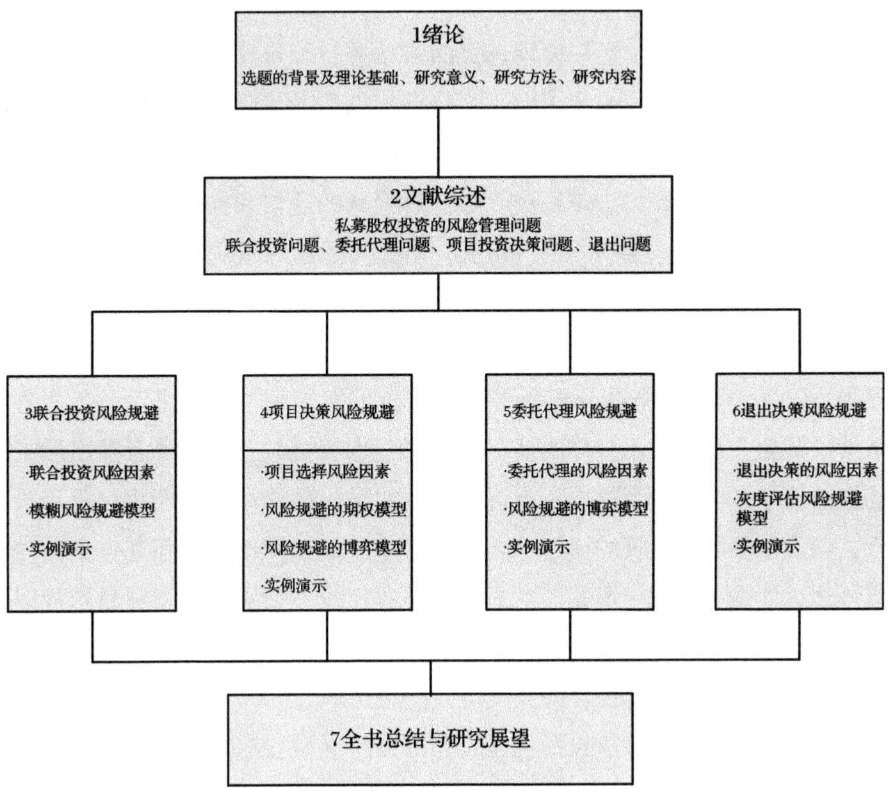

图 1-6 全书结构安排

1.4.3 主要创新点

第一，关于联合投资伙伴选择的研究，目前主要针对单一投资阶段联合投资伙伴选择，如 Sorenson & Stuart（2008）等，多阶段联合投资伙伴选择的风险规避问题尚有较大的研究空间。随着私募股权投资在世界范围内的繁荣和兴盛，投资于多个私募股权投资阶段的混合型私募股权投资基金越来越多，多阶段联合投资伙伴选择的风险规避问题就越发重要。本书在研究单一投资阶段联合投资伙伴选择的风险规避问题的基础上，运用动态规划方法，构建了多阶段联合投资伙伴选择的风险规避模型，对规避联合投资伙伴选择风险所要考虑的联合成本、声誉、组织相容性和资源互补性四个方面的评价指标，运用模糊选优的方法进行综合评价，分别以收益最大和风险最小为目标，构造了以风险目标加权的最优收益隶属度模型，推导出了在风险加权的情况下，多阶段联合投资伙伴的最佳选择。

第二，期权博弈方法是私募股权投资项目的评估和投资决策的重要方法。一些重要研究从实物期权的角度，对私募股权投资决策问题进行了分析，如 Li（2008）；另一些研究则在计算投资的期权价值之后，将投资者与被投资者之间的博弈归结为抢滩博弈和序贯博弈，如李洪江、曲晓飞、冯敬海（2003）。本书在分析私募股权投资的实物期权价值之后，考虑到申请投资企业在信息不对称的情况下为了吸引投资，会向投资者发出质量优良的信号，而投资者根据对申请投资企业发出的信号的判断决定是否投资，认为私募股权投资的博弈不同于寡头垄断的抢滩博弈和相互竞争的序贯博弈，而是一种信号博弈。本书将私募股权投资公司在投资项目选择时与拟投资企业之间的博弈归结为具有不完全信息的动态博弈——信号博弈，并求出了信号博弈的合并完美贝叶斯均衡解。

第三，关于私募股权投资代理问题的分析通常没有考虑博弈双方的能力和经验约束，如 Holmstrom & Milgrom（1987）。本书首先在不考虑企业家和私募股权投资公司基金经理的经验和能力约束的情况下，对私募股权投资公司与被投资企业的企业家之间的代理问题进行了博弈分析，然后，在考虑企业家和私募股权投资基金经理能力与经验限制的情况下，对私募股权投资的代理问题进行分析。在双方都有能力和经验限制的前提下，企业家的努力不能完全转化为产出，而私募股权投资基金经理的监控努力也不能完全转化为有效的监控，这时候部分偷懒的情况便时常出现。在这种情况下，增加企业家的分配比例，可以使企业家努力的成本下降，从而刺激企业家努力，私募股权投资公司就可以较低的成本对其进行监控；反之，则需要较高的监控成本。私募股权投资公司的收益是企业家风险厌恶程度的减函数，企业家的风险厌恶程度越低，私募股权投资公司的收益就越高；私募股权投资的收益还受外界因素的影响，外界因素波动性越大，私募股权投资的收益就越低。

2 文献综述

2.1 私募股权投资的绩效、选择与构造

2.1.1 投资绩效问题

Lossen（2007）把私募股权投资的研究分为两类：第一类研究如何定量地解释私募股权投资的绩效。第二类研究私募股权投资公司怎样选择、构造和管理它们的投资。早期由于没有公开的私募股权投资交易市场，有关私募股权投资收益率的数据较难获得，较早研究私募股权投资风险和回报的是 Chiampou & Kallett（1989）。Chiampou & Kallett（1989）用 1978—1987 年在美国运营的 55 个风险投资基金的每季净资产价值计算了年度的时间加权的平均收益。而 Bygrave、Fast、Khoylian、Vincent & Yue（1989）则第一次利用设立于 1985 年的 Thomson Venture Economics 数据库，对美国的 140 个风险投资基金进行了分析。从 2000 年开始，关于私募股权投资的研究随着大型数据库的建成和 20 世纪 90 年代后期日益兴旺的私募股权投资产业的刺激而越来越多。

Cochrane（2005）基于 Dowjones VentureOne 数据库①和 SDC Platinum

①Dowjones VentureOne 是一个风险投资信息的商业提供者，它的数据库是世界上最大的风险投资信息数据库之一。

的 Corporate New Issues 和 Mergers and Acquisitions（M & A）数据库①，对7765 项私募股权投资的 16613 个投资轮次进行了系统的研究，发现风险投资回报呈向右倾斜的对数正态分布，收益率的算术平均值为 59%，标准差为 107%。用标准普尔 500 指数作为计算收益率的市场参数，用资本资产定价模型计算出的算术 β 为 1.9。但是，尚有较大的系统风险没有被高的算术均值收益率解释，算术平均 α 达到 32%。较大的算术平均值和算术平均 α 导致收益率向右倾斜分布。

Ljungqvist & Richardson（2003）对美国一个较大的私募股权投资公司的 2744 项投资进行了研究，指出增加的投资机会对投资组合公司的收益率有一个正的影响，而私募股权投资产业中竞争资本的数量则对投资组合收益率有一个负的影响。而后者也与 Gompers & Lerner（2000）的研究结果相似，这一现象被称为“金钱追逐交易现象”。Gompers & Lerner（2000）的研究还指出，收购基金的投资收益率高于风险投资基金的投资收益率。Dille & Kaserer（2009）对私募股权投资中的这种“金钱追逐交易现象”进行了实证研究，证明这种现象确实存在于私募股权投资行业。

Cumming & Walz（2004）在一个较大的范围内研究了 2498 个全部实现的投资和 2619 个部分实现或未实现的投资的收益率的影响因素，他们的数据来自 CEPRES 的私募股权投资研究中心②。他们的研究结果与 NASDAQ 复合指数相比，投资于较后阶段的私募股权投资产生较大的超额回报，而投资于较早阶段的私募股权投资的表现则不如 NASDAQ。运用风险调节的绩效作为衡量指标，他们的研究结果再次证实了投资于较早阶段的私募股权投资的表现不如公开市场指数，投资于较晚阶段的私募股权投资的绩效则好于公开市场指数。

①SDC Platinum 是一个综合的私募股权投资数据库。它由并购数据库、全球新发行数据库、风险投资数据库、公司重组数据库、公司治理数据库和全球公开投资（地方性）数据库组成，提供最早从 1966 年开始的美国及非美国地区的私募股权投资相关信息和数据。

②CEPRES 的私募股权投资研究中心是由德国的一家专门从事私募股权投资管理的“基金的基金”VCM 和 Johann Wolfgang Goethe-University of Frankfurt/Main 的金融系合作的研究机构。

2.1.2 投资选择、构造问题

Kung & Wen（2007）运用灰关联评估和灰决策技术对我国台湾地区的风险投资企业的20种财务比率进行了评价和排序，发现对投资组合公司绩效影响最大的依次是营业收入占长期投资的比例、营业收入占资产净值的比例、营业收入占全部资产的比例、税前收入占全部资产的比例和营业收益占全部资产的比例。Lauterbach、Welpe & Fertig（2007）对私募股权投资者在第一次投资后对被投资企业进行治理和监控的手段做了研究，发现不同的因素与损失减小和收入最大化相联系。私募股权投资公司积累的投资经验与减少损失相关，但对最大化收益无显著影响；基金潜在的资源分配与收入的最大化相关，但对减少投资损失无显著影响；可转换证券能最小化损失但不能最大化收益；阶段性投资对私募股权投资的收益产生积极的影响。Smolarski（2007）对私募股权投资前的风险评价进行了研究，发现不同的法律体系对投资决策没有显著的影响，但投资前的信息不对称对投资决策有较大的影响。Wright、Weir & Burrows（2007）对私募股权投资中不可逆出价承诺进行了实证研究，发现私募股权投资者的声誉、股东的持股水平和收购的溢价对提高私募股权投资出价水平有正的影响，而谣言则会降低出价水平。

张兆国、戚拥军、罗勇（2008）运用资本结构的产品市场竞争理论对资本结构与产品竞争战略和掠夺性行为的主要模型进行了综述，并指出了这一研究领域进一步发展的方向及其对我国资本结构研究的启示。Cochrane（2005）的研究指出，随着近年来私募股权投资收益的不断增加，再加上私募股权投资的进入门槛很低，私募股权投资的委托资本也急剧增加。Kaplan & Strömberg（2008）的研究指出，仅在2007年，美国私募股权投资业就增加了2000亿美元的委托资本。大量的委托资本挤在私募股权投资行业，加剧了私募股权投资的竞争。剧烈的竞争为私募股权投资降低投资风险提出了新的课题，而分阶段投资可以缓解信息不对称和道德风险问题，是降低私募股权投资公司所面临的不确定性风险的重要策略。但同时，由于市场竞争的存在，私募股权投资在面临潜在投资机会时要做出立即投资的决策，以减少延迟投资带来的成本。Li（2008）指出，对于潜在的投资项目，私募股权投资公司会面临两个重要的选择：是否投资于目前的投资轮次？是否投资于未来的投资轮次？当做出一个投资后，私募股权投资公司就相当于拥有了一个未来投资轮次的投资期权。考虑到私募股权投资的这种实物期权的特征，Li（2008）利用1985—2007年美国风险投资的案例，从实物期权的角度对它们的首期投资和后续轮次的投资进行了实证研究。得出的结论是：私募股权投资公司的投资行为决策取决于影响投资价值的因素，例如竞争、各种资源的不确定性。实证的结果证实，市场的不确定性鼓励风险投资公司在每一个投资轮次都延迟投资，而投资项目本身的特殊不确定性和代理问题则激励投资者立即投资。

Gompers、Kovner & Lerner et al.（2008）对1975—1998年的公开股票市场信号对风险投资决策的影响进行研究，他们发现最有经验的投资家在公开股票市场的信号变得最有利时增加投资。在最有经验的行业，投资家对公开市场信号的反应比在经验较少的行业要敏锐。交易量的增加并没有为这些交易的成功产生显著的反面影响。他们的研究表明风险资本家理性地响应公开市场上发出的有吸引力的投资机会，而经验是私募股权投资公司做出投资决策的重要影响因素。

Dille & Kaserer（2009）通过对欧洲成熟的私募股权投资基金进行研究，发现私募股权投资家的投资技能和投资所面临的风险是影响私募股权投资收益的因素，但行业流入资金的增加可增加私募股权投资的回报，是促进私募股权投资公司做出投资决策的重要因素。Cumming、Schmidt & Walz（2010）对39个国家的3848个投资组合公司进行了研究，指出不同国家的法律义务，包括法律体系和会计标准对私募股权投资的决策和投资组合公司的治理结构有较大的影响。较好的法律体系便于私募股权投资公司快速进行投资项目筛选，做出投资决策。Stewart & Shroff（2007）对私募股权投资公司在印度PIPE投资的尽职调查、在印度法律下的股份持有比例、投资结构及退出的法律问题进行了分析。Cumming（2007）对澳大利亚 280 个私募股权投资基金的 845 个投资组合公司进行了研究，发现私募股权投资公司更倾向于采用分阶段投资和联合投资的方法来降低投资风险，并且每一个私募股权投资经理选择较少的投资组合公司，以便于通过提供监管与咨询来提高投资组合公司的价值。Cuny & Talmor（2007）的研究证实了重振型私募股权投资基金在提升经营不善企业的价值、撤换企业管理层和改变企业的激励机制方面具有优势。Bernile、Cumming & Lyandres（2007）对在双边道德风险下私募股权投资公司在最大化投资收益和最优努力支付的同时对被投资企业企业家的利益分配比例提出了优化模型，并以调查问卷收集数据对其模型进行了验证。Cumming & Johan（2006）对私募股权投资的范围进行了调查，在被调查的 13729 项加拿大的私募股权投资中，有 84.42%在本省投资。导致这一现象的原因是代理成本和信息不对称问题的存在。

Anderson、Prokop、Kaplan（2007）提出了一种新的模型用于私募股权投资公司在收购前的尽职调查。通过这个模型，私募股权投资公司可以在几天内得到拟投资企业更精确的利润率、成本和能力利用方面的数据，他们把这个模型称为“快速利润路径模型”（Fast-Track Profit Model）。他们的模型大大提高了尽职调查的效率，能识别出特殊的私募股权投资机会与风险，并且能对私募股权投资企业的协作进行量化。潘红波、夏新平和余明桂（2008）研究了地方政府干预、政治关联对地方国有企业并购绩效的影响，发现地方政府干预对盈利样本公司的并购绩效有负面影响，而对亏损样本公司的并购绩效有正面影响；盈利样本公司的并购绩效与政治关联正相关。

Baeyens & Manigart（2006）从被投资企业融资的角度对私募股权投资进行研究，发现被投资企业在接受首轮股权投资后，一般首选采用银行融资的方式为企业发展募集资金，只有当企业的偿债能力耗尽时才采用股权融资的方式募集资金，当被投资企业需要大量资金时才发行新的股份。从而证实了私募股权投资公司采用分阶段投资的重要性以及联合投资面临信息不对称问题和较大的投资风险。

2.2 私募股权投资风险控制机制及区域风险差异

2.2.1 风险控制机制

Bruslerie & Deffains-Crapsky（2008）提出，专门设计的金融契约为降低部分代理成本提供了一些可能性。为了管理可预测的和不可预测的“或有费用”引起的风险，私募股权投资公司常常利用复杂的契约条款明确地规定这些“或有费用”，以期对代理人的行为和某一确定投资的可能结果进行影响。当委托人能够观察并核实代理人的行为时，基于行为的契约可能被使用。这种契约通常既被用于投资前的尽职调查和其他投资前阶段的调查，也被用于投资后对预先商定目标执行的监控。如果代理人的行为不能被观察，委托人可能使用基于结果的契约，例如财务补偿或与投资和支出控制相关的契约。基于结果的契约可能也被用于投资前的过程中。Gompers（1995）主张三种控制机制适用于几乎所有的私募股权投资：①投资契约的使用（通常通过可转换证券来投资）；②联合投资；③递增投资。私募股权投资公司常常用投资契约来解决道德风险问题引起的代理成本。在融资与企业家条款中，委托人首先要考虑决定最优的契约结构，例如私募股权投资的股权融资结构。Kaplan & Strömberg（2003）指出私募股权投资者控制委托代理关系的首要方法是投资契约。Van Osnabrugge（2000）提出风险投资家可以使用不同的投资契约机制来减少代理问题。Gompers（1996）的研究显示了研发密集型的企业会收到更多数量的投资但持续时间较短，这可能意味着私募股权投资公司对这些企业使用递增投资，因此对其监控更加紧密。由此可见，现有的文献在一个广泛的范围内支持了私募股权投资公司使用投资契约来管理委托代理关系的论点。大多数针对私募股权投资的风险管理研究涉及可转换债券。龚朴、蒙坚玲（2009）基于期权博弈分析理论，采用有限元数值模拟技术，分析了可转换债券条款中利息、赎回公告期、硬赎回约束、软赎回约束以及红利对发行者最优赎回策略和投资者最优转换策略的影响，结果表明可转换债券条款中利息、赎回公告期、硬赎回约束、软赎回约束以及红利对可转换债券最优策略的影响非常明显。

联合投资对私募股权投资公司来说是一个最主要的风险控制机制(Gompers, 1996)。因为联合投资是在至少两个独立的观察者同意投资具有出众回报的预期下才会做出的决定（Sah & Stiglizt, 1991)。私募股权投资公司通过联合投资、与合作投资者分担风险来使风险固定，并减少投资中由于信息不对称而带来的逆向选择风险。其他私募股权投资公司乐于向一个潜在的有前途的公司投资，这对主导的私募股权投资公司的投资决策是一个重要的影响因素。但 Kut & Smolarski（2006）指出，那些参与了公司日常运营的私募股权投资公司，可能会运用其所掌握的信息优势过分夸大下一轮融资中的证券价格。Admati、Pfleiderer & Zechner（1994）提出让主导投资者在投资公司中维持一个不变的股权份额，是唯一可以部分地避免主导投资者机会主义行为的方法。Lerner（1994）指出当高度的信息不对称出现在一轮投资中时，联合投资能够提高投资的效率，即联合投资是缓解逆向选择问题的一个策略。

递增投资也称为分阶段投资。Baeyens & Manigart（2006）指出，分阶段投资是缓解信息不对称和逆向选择问题的策略。Duffner（2003）指出，分阶段投资可以减少对中小企业投资的代理成本，因为它人为地设置了一个多期的投资关系。分阶段投资通过展示项目全过程的信息来减轻代理问题，而这些信息在单一投资轮次中通常不能被观察到。Duffner（2003）认为，分阶段意味着投资者首先投资少量的资本，在随后的投资轮次中，以一个新的估价追加更多的资本。采用分阶段投资的私募股权投资公司，往往要求目标公司在投资之前就必须具备满足随后阶段投资支付的条件。递增投资或分阶段投资对投资双方都有影响：对于私募股权投资公司来说，保留了其放弃对一个未按预期发展企业的再投资的选择权，从而使损失有限；对于企业家来说，分阶段投资提供了一个使其达到预设目标的激励，只有达到预设目标，企业才能取得进一步的投资，创造价值。然而分阶段投资也可能带来负的影响。Duffner（2000）的研究发现，递增投资的速度跟不上企业发展的需要。因此，投资契约和递增投资主要缓解道德风险问题，联合投资既缓解了道德风险，又缓解了逆向选择问题。

2.2.2 区域风险差异

Kut、Pramborg & Smolarski（2006）的研究显示，私募股权投资行业被分割为区域市场，国家之间存在风险管理实践方面的差异。Fauver、Houston & Naranjo（2003）和 Gugler、Mueller & Yurtoglu（2000）指出英国法系和斯堪的纳维亚法系在私募股权投资风险管理中显示了最大的不同。虽然法国和德国的法律系统也不同于英国的法律系统，但是其差别没有英国法系与斯堪的纳维亚法系之间的差异那么明显。Porta、Lakonishok & Shleifer et al.（1997）和 Gugler、Mueller & Yurtoglu（2000）指出，普通法系相对于民法系而言，能为私募股权投资进行股权投资提供较好的通路，并对小股东和债权人提供较好的保护，这也可能影响私募股权投资风险管理实践。Wright、Hoskisson、Busenitz et al.（2001a）指出印度的私募股权投资和美国的私募股权投资是有差异的，尽管两个国家的法律制度都是基于英国的普通法。Sapienza、Manigart & Vermeir（1996）指出制度环境、文化和规范化的行为导致私募股权投资在不同国家的差异。Dossani & Kenney（2002）的研究则与此相反，他们指出身份为印度侨民（或移民）的投资者，其投资行为在思想、过程和程序上具有相似性。基于现有的研究，Kut & Smolarski（2006）对印度私募股权投资基金的风险管理与法国和德国的私募股权投资基金的风险管理从几个维度进行了比较，认为两者明显不同，相对于印度而言，法国和德国的基金运用了较多的风险管理技术。

2.3 私募股权投资的联合投资问题

2.3.1 联合投资的动机问题

Meuleman、Manigart & Lockett et al.（2006）认为，传统的联合投资研

究主要基于两种理论：财务导向理论（Originating from Finance Theory）和资源导向理论（Resource-based Perspective View）。财务导向理论认为联合投资能让私募股权投资公司投资更多的项目以提高其投资组合的分散性，降低其投资组合的系统风险和非系统风险（Smith & Kiholm Smith, 2000）。与私募股权投资相联系的风险可分为两种：系统风险和非系统风险。系统风险是指与市场因素，诸如经济因素、政策环境等相联系的风险；非系统风险是指与所投资项目本身的技术成熟度、管理水平以及企业家的才能等因素相联系的风险。Müller（2008）指出由于私募股权投资存在大量的签约之前信息不对称、投资周期长、流动性较差等问题，所以，财务导向理论把联合投资看作通过投资组合的多样化来分散投资风险的一种工具。而且“窗饰”效应也促使投资家之间相互提供有成功希望的创业企业的晚期轮次融资机会，以提高创业投资家的声誉。

与此相反，资源导向理论则认为，联合投资是投资家响应投资选择和管理过程中分享信息的需要；通过联合有经验的风险投资公司可以降低项目筛选时逆向选择的风险。并且在投资后，通过联合可以获取与管理项目相关的经验（Bygrave, 1987；Wrignt & Lockett, 2003；Manigart, 2002）。由于私募股权投资者和被投资企业家之间存在信息不对称问题，随之产生了投资前的逆向选择和投资后的代理问题，而监管是减轻这两种风险的主要方法。监管需要有产业背景和经验，私募股权投资者需要对被投资企业的资金运营、运作管理和战略计划进行监管和指导，并花费相当多的时间到其投资的企业中去。通过联合投资，私募股权投资机构之间建立起相互合作、相互信任的关系，能使私募股权投资机构所拥有的资金资源和非资金资源都大大增加，可以有效地提高对被投资企业的监管效率；并且非主导投资者可通过“搭便车”的方式减少对被投资企业的访问次数和监管密度，从而降低监管成本（Pichler & Wilhelm, 2001）。Hopp & Rieder（2006）对联合投资的动机进行了研究，他们发现投资者的规模与联合投资的比例呈现一个“U”型曲线，即规模大的投资公司和规模小的投资公司联合投资的比例较高。他们的实证分析表明：采用多样化投资分散投资风险和通过资源互补降低风险是投资者采用联合投资的主要动机。

Wright & Lockett（2003）和 Sorenson & Stuart（2008）认为，增加未来的交易机会也是私募股权投资者倾向于联合投资的一个主要原因。私募股权投资资本市场的交易信息依赖于人与人之间的关系网进行传播，联合投资建立起来的关系网，一是可以使投资家得到高质量的投资信息；二是扩大了私募股权投资公司的投资产业和地域范围。联合投资增加了私募股权投资公司投资于遥远地区和陌生产业的可能性。通过多次的联合投资以后，私募股权投资公司间的关系网络就建立起来了，各个产业和区域的投资信息在网络中汇集，会使私募股权投资公司得到更多的投资交易机会。

而 Van Osnabrugge（2000）则将联合投资网络作为一个社会交换网络，并认为风险投资公司以往的联合投资历史会影响它发起联合的倾向。认为风险投资公司的这种倾向并不是出于财务动机，可能是要清除在联合投资网络中的债务（接收到联合邀请），以便在将来能更多地参与到联合投资网络。Zheng（2006）则认为联合投资有助于形成一个创造社会资本的网络，且联合投资网络是一个以互利为目标的社会网络。Kogut、Urso & Walker（2007）对 1960—2005 年的 159561 个风险投资交易进行了实证分析，证实美国范围内的联合投资网络在这 45 年中已迅速形成。Cumming、Schmidt & Walz（2008）通过对 1972—2003 年 39 个国家的 3828 项风险投资的法律制度的实证研究发现，好的法律体系有利于联合投资的形成，不利于共同投资的形成①。

2.3.2 联合投资伙伴选择及联合风险

Sorenson & Stuart（2008）利用美国 1985—2007 年风险投资公司的数据，对分别属于不同社会维度的私募股权投资者联合投资的现象进行了分析，指出在四种情况下地理距离或投资产业领域相差较远的风险公司之间

①共同投资是指同一私募股权投资公司的不同基金投资于同一投资组合公司。共同投资可能导致私募股权投资公司以一个基金来保证另一个基金的收益，从而产生对投资者不利的代理问题。

可能形成联合投资：一是目标公司所在的行业或地区是最近流行的投资目标；二是目标公司的成熟度高；三是投资联合的规模大；四是投资联合中与其他成员关系的紧密性，关系紧密且合作愉快的投资者之间容易再次联合。Champagne & Kryzanowski（2008）研究指出过去已经合作过的联合投资联盟，在新的收购投资中的绩效要好于过去没有合作过的联合投资联盟。非美国的联合投资联盟成员间关系的紧密性和排他性明显高于美国的联合投资联盟成员间关系的紧密性和排他性。Casamatta & Haritchabalet（2007）的研究认为联合投资有助于改进投资筛选流程，并预防随后投资轮次的投资竞争。联合投资的成本取决于投资家的经验。Tereza（2007）从动态的角度对私募股权投资中的联合投资进行了研究，主要分析了私募股权投资公司在什么情况下联合投资和怎样选择联合投资合作伙伴的问题。指出当私募股权投资公司认为潜在的合作者有较强的违背合作契约（敲竹杠）或逃避责任（道德风险问题）的动机时，联合投资将被阻止。

Filatotchev、Wright & Arberk（2006）指出联合投资的项目往往是风险较大的项目，这与Kut、Pramborg & Smolarski（2006）的分析一致。Meuleman、Manigart & Lockett et al.（2006）对私募股权投资公司之间的联合投资行为进行了研究，提出私募股权投资公司较高的行为不确定性对联合投资联盟的形成有负影响，而较低的行为不确定性则正好相反。Baeyens & Manigart（2006）的研究证实，联合投资往往面临较严重的信息不对称问题和较大的投资风险。当面临较大的投资风险时，私募股权投资公司希望通过联合投资，借助于其他私募股权投资的经验降低投资风险。

2.4 私募股权投资的委托代理问题

2.4.1 私募股权投资中代理问题的分类

Povaly（2007）指出代理问题是私募股权投资研究的总框架。Spremann（1990）把私募股权投资的代理问题分为三类：道德风险、敲竹杠和逆向选择。道德风险是指代理人利用委托人不能观察到的信息（隐藏信息）或采取委托人不能观察到的行动（隐藏行动）来增加自己的效用，而与委托人最优利益相违背。私募股权投资公司作为委托人不能观察到代理人——被投资企业企业家的行为，只能观察到企业的最终成就，因而承担道德风险。敲竹杠是指代理人系统地利用不完善的代理契约中的缺陷和不足来满足他自己的偏好。Duffner（2003）指出在私募股权投资中，寻找投资的公司拥有其自身的信息优势，是代理人，而私募股权投资公司则为委托人，在契约签订且投资拨付后，委托人的投资变为沉淀成本，代理人有可能暴露出他先前隐藏的动机，强迫委托人重新谈判，于是逆向选择问题就出现了。

Kut & Smolarski（2006）认为私募股权投资风险实质上来源于信息不对称。信息不对称导致两种与风险相关的问题：委托代理问题和与投资组合管理相关的问题。Kut & Smolarski（2006）认为委托代理关系是研究私募股权投资怎样管理风险的基础。对于私募股权投资来说，投资选择、公司治理和投资管理相关的问题是投资成功至关紧要的问题。与信息不对称直接相关的两类问题是逆向选择和道德风险（Van Osnabrugge，2000）。Kut & Smolarski（2006）提出，在私募股权投资中逆向选择是指私募股权投资公司被企业家误导，道德风险是指使企业家的利益与私募股权投资家的利益一致的困难性。在实践中，委托代理问题和代理成本由两种主要原因导致：代理人和委托人的利益冲突与一致的问题以及代理人目标的确定问题。

常见的代理理论是在信息不对称的情况下分析代理问题的。Kaplan & Strömberg（2004）指出，投资中的不确定性和信息不对称在投资前和投资后都能引起代理问题。Duffner（2003）指出，代理问题的基本特征在于假设双方分别独立地最大化自己的效用。代理人更了解企业运营情况，因而拥有更多、更全面的信息，并且利用这种信息优势来最大化自己的效用，使委托人的情况变坏。这种行为被称为机会主义行为。Stewart & Shroff（2007）调查了信息收集过程和方法，提出解决信息不对称问题的价值评估方法往往依据被评估对象而发生变化。Kaplan & Strömberg（2004）指出，私募股权投资公司与企业家之间的契约关系的设计对解决代理问题是非常重要的。Holmstrom（1979）和 Grosman & Hart（1983）把经济利益与经理人的努力程度联系了起来，认为代理人接受了一个与其付出的努力相关联的报酬，就会选择用最大的努力程度去最大化他的期望效用。个体理性的假设是委托方和代理方博弈的前提。委托方，如私募股权投资公司有权去设计或建议一个最优的契约，这个契约中有一个对代理方的激励相容约束。Cumming & Johan（2007）的研究指出，代理冲突与所在国家的法律体系的质量显著相关，高质量的法律体系有助于减少代理冲突，非契约的治理机制也能显著地减少代理冲突。

2.4.2 代理契约及激励问题

Core、Guay&Larker（2001）指出虽然信息不对称被考虑到了模型中，但最优契约的方法并没有着眼于讨价还价过程中的不确定性。随着谈判的发展，当事人双方之间的私人信息或不对称的信息将发生转移。经理人如果能重新就现有的股票期权计划进行谈判，他们就能够影响股票期权契约的设计。Martin & Thomas（2005）认为股东财富的稀释在平衡股东与经理人之间的关系上扮演了一个重要的角色。“管理权方法”理论坚持认为经理人有寻租行为，而 Hall & Liebman（1998）、Bertrand & Mullainathan（2001）和 Bebchuk、Fried&Walker（2002）提出，经理人能干扰他们报酬计划的设计。Jensen & Murphy（2004）指出报酬激励计划，特别是股票期权计划不但为修补代理问题提供了一个最佳激励工具，而且反映了代理问题的本身。Bebchuk & Fried（2003）强调在信息不对称的概念框架之下，经理人与股东之间非正式的或暗含的谈判过程以及双方的讨价还价导致了寻租报酬的安排。Ryan & Wiggins（2004）把决定经理人报酬的安排，特别是股票期权的安排过程作为谈判或讨价还价的过程来分析。Sautner & Weber（2006）证明了管理的自我交易的假设。他们提出由于欧洲公司的公司治理结构薄弱但经理人强势，公司所设计的股票期权计划有利于管理人员。管理权假设提供了一个理解股东与经理人之间达成股票期权契约过程的新方法，股东并不是按照标准激励理论所支持的最优契约理论所赋予的讨价还价权力与经理人达成协议。Choe（2003）对期权被批准行使的价格和规模引入了参数化的方法，提出了确定股票期权契约内生性特征的模型。传统的契约理论假设股票的价格能无偏地反映公司的基本面，且公司的基本面与 CEO 的管理努力相关，因此经理人的努力能完全反映到公司股票的价格上。Bolton、Scheinkman & Xiong（2006）的研究则是对传统的契约理论假设的一个修正，他们提出了投机的股票市场上管理人员股票报酬的代理模型。在投机的股票市场上，股票的价格可能偏离基本的股票价格，经理人要将一个短期的投机风险设置在其努力函数中。

管理人的报酬契约问题也被学者们从行为金融学的视角进行研究。行为金融学运用金融市场和交易中分析家或投资者过度自信的错误来分析问题。Shefrin（2001）认为激励对于价值最大化至关紧要，但不能单独用激励来克服内在的行为障碍。Keiber（2002）分析了过度自信怎样影响内部的委托代理关系，指出当委托人和代理人都假定为过度自信时，激励报酬的契约设计能改善道德风险和信息不对称的结构。但是 Keiber（2002）的分析是在假设委托人和代理人双方都理性的前提下进行的，没有考虑行为的偏差。

Bolton、Scheinkman & Xiang（2006）的研究提出，委托方信息的不完全性和代理人的风险厌恶程度是委托代理契约达成均衡所必须考虑的问题。Ross（2004）强调经理人的风险厌恶程度对公司风险水平增长有重要影响，指出由于经理人的风险厌恶程度不同，激励计划的执行时间的临近不一定会导致公司风险水平的增长。Hall & Murphy（2002）提出在考虑经理人风险厌恶的情况下，期权被批准以稍低于市场价格或以市场价格行权，对代理人的激励效果最优。Hjortshoj（2007）的实证研究证实了管理者的股票期权奖励与公司采取的风险态度之间存在正相关关系。

2.4.3 其他代理问题

Neus & Walz（2005）指出代理理论有助于理解私募股权投资者的退出

行为。Bruton、Keels & Scifres（2002）强调管理所有权对收购交易绩效的关键作用。他们认为在退出阶段，代理冲突通常随着退出时间的临近而加剧。他们以在股票交易所公开上市的私募股权投资企业为例，指出在企业上市后，经理人很可能出售一部分股权取得部分收益，从而降低他们在公司的利益占比。因此，在私募股权投资部分退出之后，代理人与委托人之间的目标冲突加剧。依据代理理论，私募股权投资机构应该力求在部分退出之后的短期内全面退出。Lin & Smith（1998）的实证研究也证实了这一点，指出大部分的投资在最初部分退出之后的三年之内全部退出。

Cumming & Macintosh（2003a）、Kaplan & Strömberg（2004）、Cumming（2005）研究了私募股权投资退出过程中的代理问题，指出在退出过程中存在道德风险问题。Hellmann（2006）构造了一个双边道德风险的博弈模型，对可转换优先股在 IPO 退出和收购退出中的作用进行了分析，指出由于可转换优先股在 IPO 时自动转换为普通股，最优契约给予以收购方式退出的私募股权投资者更多的现金流权。Cumming（2005）的研究提出，暴露于双边道德风险中的被投资企业的成就取决于私募股权投资者和被投资企业的企业家的共同努力。在这种情况下，参与者不单单是私募股权投资者和被投资企业的企业家，还包括潜在的购买私募股权投资者股份的投资者。在这种情况下，私募股权投资公司占有“内部人”的优势，可能会采取机会主义的行动以诱使外部投资者购买其拥有的股份。然而 Brav & Gompers（1997）的研究则指出，在股票交易所公开上市的私募股权投资企业相比那些没有获得私募股权投资的企业，在上市之后的五年内会产生一个较高的回报。这意味着通过股票交易所公开上市的私募股权投资企业并没有不合时宜地索取一个股票的溢价，而是以抑价的方式上市。Lin & Smith（1998）则指出发生这种情况是因为私募股权投资者想要在股票市场上为其今后的发行树立信誉。Balboa & Martí（2007）从代理理论和信号理论的视角研究了在发展中市场上私募股权投资经理的声誉决定因素，指出退出投资的百分比、私募股权投资协会的规模和管理基金的规模是影响私募股权投资公司募集资金的重要因素。Neus & Walz（2004）认为作为一种建立信誉的设置，“年轻的”私募股权投资者大多采用抑价的方式发行股票，而经验丰富的“老的”私募股权投资者则较少使用抑价方式。

2.5 私募股权投资的退出问题

2.5.1 关键性文献

私募股权投资的一个关键特征是投资者只在有限的时间里持有他们的投资，这个期限一般在投资决策做出时就已经预先设定（Povaly，2007；Gompers & Lerner，2004；Neus & Walz，2005）。依据 Gompers & Lerner（2004）的研究，私募股权投资的过程分为设立基金、投资、监控、增值和退出五个环节。退出是私募股权投资实现收益或清算损失的重要过程。如果一个私募股权投资者不能预见到当其所投资的公司成熟后可以在基金的生命周期结束时上市或出售，投资者将不会对这个企业进行首轮投资。

Povaly（2007）关于退出的研究是目前私募股权投资退出研究中比较全面的。他把研究私募股权投资退出的文献分为五个部分：框架性文献，主要定位于私募股权投资退出的行为；退出路线，包括 IPO 和其他退出路线；退出时间和过程；退出的理论方法；与退出相关的文献，覆盖了诸如评价、绩效和契约等方面。Povaly（2007）的分类如图 2-1 所示。Povaly（2007）把在全部私募股权投资活动背景下研究投资组合退出的几个关键性文献称为框架文献，因为这几个文献为进一步讨论退出奠定了基础，并且有助于理解退出对私募股权投资公司的重要意义。这些研究退出的评论性文献集中于三个焦点领域：①分析与特殊的退出路径相关的方面。②分析退出相关的时间选择、路径选择和退出过程。③为解释私募股权投资退出提供理论概念的研究。另外，还有一些对私募股权投资领域其他方面的研究涉及退出的考虑。

在私募股权投资研究领域被最广泛引用的概念是“风险投资循环”，这个概念由哈佛大学教授 Gompers & Lerner（1999、2004）提出。他们认为

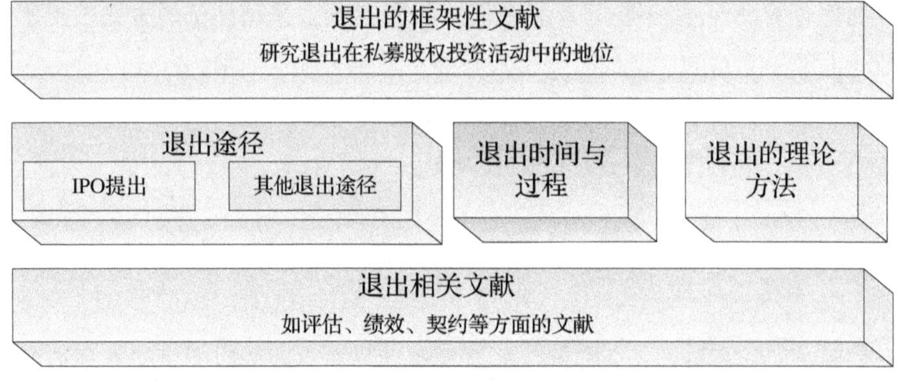

图 2-1 私募股权投资退出研究的文献分布

必须把握私募股权投资的每一个步骤的内在特征，才能理解私募股权投资者的功能。这些步骤分别是资本募集、投资、监控、投资组合公司的价值增加和退出。

还有两个著名的研究回顾了已经确立的私募股权投资领域的科学知识，它们对私募股权投资阶段的划分与风险投资循环的框架类似。Wright & Robbie（1998）和 Gompers & Lerner（2001）全面地回顾了现有关于私募股权投资的研究，指出了现有研究的差距。Wright & Robbie（1998）把私募股权投资活动分为更多的阶段，并确定这些投资阶段可以通过直接观察投资行为来识别。与更单一化的风险投资循环方法不同，他们的框架不但把投资行为分为更多的步骤，还把退出后企业的所有权成分、退出后被投资企业企业家①的安排列入退出阶段。他们还认为投资者和企业家潜在地不在同一时间退出，这对于退出的契约安排是一个重要的考虑。与风险投资退出循环相比，Wright & Robbie（1998）的私募股权投资循环更加强调循环的动态性和循环中各参与方之间正在进行的相互作用。一方面，私募股权投资基金的投资者要求定期报告基金各投资组合的业绩，并可能潜在地卷入投资组合公司的治理；另一方面，被投资公司的企业家也希望能在未来取得更多的投资。Wright & Robbie（1998）提出的私募股权投资退出

---

①在收购交易中，企业家是指一个投资组合公司的管理层。

阶段及退出后的活动包括：私募股权投资的退出；企业家退出及对私募股权投资和管理层退出的评价；私募股权投资公司在退出后对公司的监视；企业家退出后的职业（比如退休、顾问、重新创业、职业经理人）。Wright & Robbie（1998）和 Gompers & Lerner（2001）对私募股权投资退出的综述性评论是私募股权投资退出研究的重要文献。与 Gompers & Lerner（1999、2004）的研究相似，Wright & Robbie（1998）也强调成功退出对私募股权投资至关紧要，指出退出安排很大程度上取决于与企业家或投资组合公司的管理团队的讨价还价。他们提到，投资者实现及时退出的愿望可能会影响公司治理的特点。

2.5.2 退出路径

Gompers & Lerner（2001）沿着他们在 1999 年提出的风险投资循环模型对相关的研究做了综述，指出虽然大量文献对私募股权投资的公开退出进行了研究，但只有少数研究对诸如退出的时间等方面进行了深度研究。Cumming & Macintosh（2003a）将投资退出分为全部退出与部分退出。他们通过投资者全部或部分出售（或二次出售）其在一个投资组合公司的股份的行为来区别其是全部退出还是部分退出。重要的部分退出的例子是 IPO。当投资组合公司进行 IPO 时，只有部分股票可以在公开市场上出售，其余的股份则处于所谓的锁定期，限制私募股权投资者在一定时期内出售。

大量的学术文献讨论了 IPO 退出方式。对 IPO 的研究涵盖了广泛的领域，例如 IPO 的绩效、IPO 的定价、资本市场与退出安排的关系、IPO 的时间与成本等。许多研究指出，私募股权投资的公司进行 IPO 可以被视为反向的杠杆收购（Reverse Leveraged Buyouts）。Cao & Lerner（2009）对 526 个反向杠杆收购案例的三年和五年股票绩效进行了实证研究，他们发现反向杠杆收购的绩效好于或等于其他公司 IPO 的绩效或整个市场的绩效，具体绩效的好坏取决于上市公司自身的情况。Lerner & Hardymon（2002）强调了公司上市与私募股权投资持续成功的重要关系。Hall（2002）对风险资本在资本市场不发达国家所扮演的角色提出了疑问。

Franzke（2003）通过对比德国80个有风险投资支持的公司和160个非风险投资支持的公司的上市情况，指出有风险投资支持的公司存在IPO抑价问题，这与美国的情况相似。Lee & Wahal（2004）研究了美国6000个公司的IPO情况，指出有风险投资背景的公司IPO的价格要明显低于无风险投资背景的公司。

Ang & Brau（2002）把IPO的成本分为三个部分：首次发行的抑价、保险费和其他费用（包括法律和行政管理费用以及超额成本）。他们对300个IPO的样本进行了研究，发现透明度高的公司支付较低的发行成本。他们还发现，如果一个公司必须在某个方面支付较高的成本，那它将在所有方面支付较高的发行成本。Lee & Wahal（2004）则指出有风险投资支持的公司上市成本明显低于非风险投资背景的公司。Fields、Fraser & Bhargava（2003）比较了私募股权投资企业IPO所导致的保险成本，发现私募股权投资企业的所有保险成本（包括抑价的IPO）均低于商业银行主导的IPO，其主要原因是由于显著低的抑价。

其他关于退出的研究主要集中于公司治理方面和私募股权投资者在IPO期间的角色。Bouresli、Davidson & Abdulsalam（2002）研究了大约300个IPO的交易，他们发现不论私募股权投资公司是否对即将上市的公司的董事改变施加影响，都会影响IPO前和IPO后的公司治理结构。他们发现有私募股权投资支持背景的公司，在IPO前和IPO后这两个时期，只有较少的内外部董事在董事会占有席位，投资者通常要在投资组合公司里占有席位，他们扮演一个直接治理的角色。Van den Berghe & Levrau（2002）研究了美国与比利时的IPO交易，提出私募股权投资者对监视一个公司绩效的强烈兴趣，是公司治理结构改变的主要驱动力量。他们也对投资组合公司的独立董事的真实独立性提出疑问，因为这些独立董事通常由私募股权投资公司指定。他们经过研究得出结论，认为董事会的特征取决于投资组合公司的特征。

Bottazzi Da & Hellmann（2004）分析了欧洲私募股权投资公司对投资组合公司的管理行为的趋势，认为欧洲的私募股权投资者倾向于学习美国的例子，并已经开始更多地直接插手于所投资公司的管理，越来越多地在他们所投资的公司中扮演更加积极的角色。Bascha & Walz (2001) 的研究指出，投资组合公司的管理者通常偏爱 IPO 退出方式。因为私募股权投资通过 IPO 退出之后，公司的股份被大量的投资者分散地持有，不像出售退出那样有一个较大的控股股东，这使得企业家或公司的管理层通常能得到非货币收益。

2.5.3 退出的时间选择

Povaly (2007) 把关于私募股权投资退出的时间选择的研究分为四个方面：基于价值增加与监控成本的研究；基于信息不对称的研究；基于“哗众取宠” (Grandstand) 的研究；基于资源依赖的研究。Cumming & Macintosh (2001、2003b) 指出，为了确定最优退出时间点，私募股权投资公司应该使其边际价值增加的努力等于其努力的边际成本。Gompers & Lerner (2001) 和 Tykvova (2003) 也指出企业价值增加和价值增加的成本是私募股权投资退出的决定性因素。Cumming & Macintosh (2003b) 基于价值增加理论，把触发私募股权投资退出的事件分为三种类型：一是边际价值与维持成本曲线相交；二是内部的或外部的股票改变边际价值增加曲线和(或) 维持成本曲线；三是私募股权投资公司接收到关于边际价值增加曲线和维持成本曲线的新信息。

Cumming & Macintosh (2001、2003、2003b) 和 Neus & Walz (2004) 结合信息不对称现象来解释私募股权投资退出的时间选择。Neus & Walz (2004) 指出，信息不对称对退出时间的影响取决于投资组合公司潜在价值的获得。晚退出的投资面临较大的机会成本，而且流逝的时间有助于购买者克服信息成本，因而售价较低；对购买者来说，晚退出的企业是更有利可图的购买对象。

Gompers (1996) 的研究指出，“年轻的”投资者急于释放一个品质优良的信号，因而比“老的”投资者更早地退出投资组合公司。他把这种现象称为“哗众取宠”。Lee & Wahal (2004) 进行了大范围的实证研究，证明“哗众取宠”现象确实存在于私募股权投资中。Povaly (2007) 指出在私募股权投资退出过程中，投资者所掌握的资源影响投资退出的过程。

Hillman & Dalziel (2003) 把代理理论与资源依赖理论联系起来，强调当一个公司由私募股权投资控制时，私募股权投资者会强化股东利益，对公司进行积极的监控，并激励董事会成员利用他们的资源为公司谋取更大利益。Gompers & Lerner (2004) 的研究指出，通过反复参与退出交易，私募股权投资公司可能对一些高质量的顾问更有吸引力，而这些顾问通常能影响私募股权投资退出的途径和退出的成就。

2.5.4 退出相关的方法

Bienz (2004) 提出了一个基于道德风险和公司治理考虑的模型，从理论上分析私募股权投资公司的最优退出选择。他研究指出高盈利能力的公司在进行 IPO 时需要较少的关注，而盈利能力差的公司在被出售时需要更多的控制。这个结论与 Bascha & Walz (2001) 的结论一致：信息不对称是确定退出选择的决定性因素。Schwienbacher (2008) 补充提出一个模型来解释基于早期阶段的风险投资公司退出选择的产品创新方面的特征。他的模型显示创新和盈利能力强的公司比那些差的公司更可能在公开市场上市。他建议那些具有大量异质的消费者和较低创新起始水平的公司应力求通过 IPO 退出。他的方法运用了代理理论，综合考虑了私募股权投资者、企业家和产品市场方面私人的和声誉的利益。与其他的研究不同，Bruton、Keels & Scifres (2002) 聚焦于已成熟公司杠杆收购的退出问题研究，他们强调代理问题动态地存在于从最初交易到退出的整个收购循环中。与其他研究相似，他们强调最小化投资者与管理者之间的代理成本的重要性，强调契约结构和管理层激励对收购型私募股权投资是最为重要的。

联合投资合作伙伴选择的风险规避

3.1 引言

联合投资是指两个或更多的私募股权投资公司共同投资同一个企业（Lerner，1994）。联合投资可以是发生在同一投资轮次的同时投资（Lockett & Wright，1999），也可以是在同一项目的不同轮次，不同私募股权投资公司先后对同一公司进行的序贯投资（Brande、Amit & Antweiler，2002）。联合投资在私募股权投资市场中是一种非常普遍的现象，据 Venture Economics 的统计，2000 年美国的创业投资中有 60%是通过联合投资完成的；来自 EV 的数据表明，2001 年欧洲创业投资公司进行的投资中有 30%的交易采用联合的方式。大量的文献研究了私募股权投资中风险投资和天使投资阶段的联合投资活动（Kaplan & Strömberg，2003），对于非风险投资型的私募股权投资的联合投资先前的文献则研究较少，主要原因在于数据的收集比较困难（Nielsen，2008）。在杠杆收购和管理层收购、产业基金投资及重振基金投资中，联合投资则是更为普遍的风险规避方法。

一般认为联合投资主要基于三种原因，但 Manigart、Lockett & Meuleman et al.（2006）提出，传统的联合投资研究主要基于两种理论：财务导向理论和资源导向理论。财务导向理论认为联合投资能让私募股权投资公司投资更多的项目，以增加其投资组合的分散性，降低其投资组合的系统风险和非系统风险。与此相反，资源导向理论则认为联合投资是投资家响应投资选择和在管理过程中分享信息的需要，认为通过联合有经验的私募股权投资公司，可以降低项目筛选时的逆向选择风险。并且在投资后，通过联合可以获得与管理项目相关的经验。

另外一些学者（Lockett & Wright，2001；Sorenson & Stuart，2008）则认为，增加未来的交易机会也是私募股权投资者倾向于联合投资的一个主要原因。Van Osnabragge（2000）将联合投资网络作为一个社会交换网络，并认为以往的联合投资历史会影响发起联合的倾向。

联合投资是私募股权投资规避投资风险的主要策略。学者们对联合投资的动机、作用等方面进行了广泛的讨论，研究发现私募股权投资者通过联合投资，可以合理地分散系统风险和非系统风险，建立广泛的投资信息网络，充分利用其他私募股权投资者的行业经验和专业技能，扩大投资范围，降低投资成本，并减少信息不对称带来的道德风险和逆向选择风险。但是在有关联合投资的研究中，学者们主要聚焦于联合的动机及其对投资业绩的影响上，对联合投资合作伙伴的选择问题关注不够。更进一步，考虑到在动态条件下，对同一项目不同轮次的投资合作伙伴的选择问题，即多阶段联合投资的合作伙伴的选择问题则研究得更少。本章在分析联合投资合作伙伴选择的主要风险的基础上，从静态和动态两个方面分析联合投资合作伙伴的选择风险规避问题，以降低联合投资风险，最大化投资收益。本章的安排如下：第二节分析联合投资存在的风险；第三节分析单一投资阶段联合投资伙伴选择的风险规避问题；第四节分析多阶段联合投资中合作伙伴选择的风险规避问题；第五节总结全章。

3.2 联合投资伙伴选择的风险因素

联合投资虽然只是私募股权投资公司规避投资风险的一种策略，但其本身却是一个复杂的体系和过程。联合投资不仅要对拟投资企业进行筛选与甄别，还要对拟参加联合投资的合作伙伴进行筛选与甄别，因而它不仅是将资本与实业结合起来谋取更大利益，而且涉及对参与投资的各个不同伙伴的技术能力的整合，并且在不同的企业发展阶段，私募股权投资的类型也不相同（如图 3-1 所示），相应地对合作伙伴的要求也有所改变。由于参与联合投资的各方对各自的能力和资源信息的掌握不对称，这就使得联合投资合作伙伴的选择面临着不确定的风险和挑战。Wall、Michie & Patterson et al.（2004）与 Lelunanm（2006）通过实证研究得出，联合投资对被投资企业的股东价值与绩效水平具有显著的影响。合作伙伴选择的结果从一开始便决定了伙伴关系的性质，同时伙伴选择能够对联合投资以及被投资企业的绩效水平产生很大的影响。只有选择了恰当的联合伙伴，联盟才有可能取得预期的成功。因此，全面分析联合投资中存在的风险，是正确评价联合投资合作伙伴的基础。私募股权联合投资的合作伙伴选择所面临的风险主要是由信息不对称引起的合作伙伴的能力风险、组织风险、道德风险以及终止合作的风险。

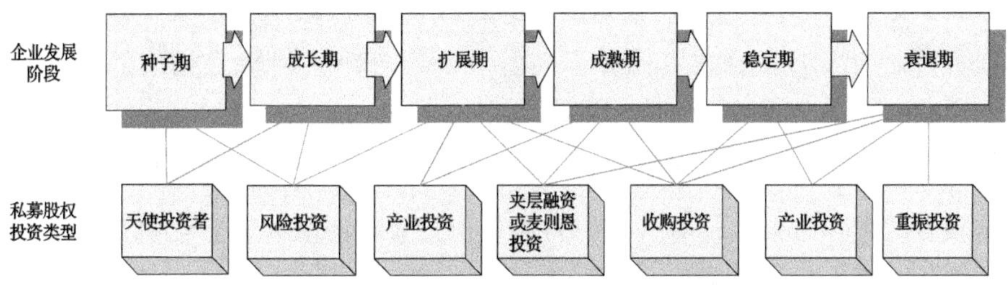

图 3-1 私募股权投资类型与企业发展阶段

3.2.1 联合投资伙伴的能力风险

投资者的能力分为财务能力、管理能力、技术能力和市场能力。财务能力主要是指投资者自身的财务管理水平和资金筹措能力。主导投资者在选择联合投资伙伴的时候，需要考虑对方的财务状况，也就是对方的经济实力。只有达到相应的经济实力，才可以纳入联合的考虑对象。在风险投资类私募股权投资中，由于投资通常会分好几个回合进行，资金回收一般要在 5~7 年后才能开始，若投资合作伙伴理财能力不佳，很可能无法支撑长期持续的投资，从而使后续投资资金链绷紧，影响其他联合投资伙伴的财务安排。选择资金实力雄厚的合伙人，有利于随后回合的进一步投资，减少重新寻找合伙人之麻烦。在夹层融资（麦则恩投资）、产业投资和收购型投资中，投资者需要通过各种方式在短期内筹集大量资本，并在合同签订时立即交付。若投资合作伙伴未能在合同约定的时间支付约定数额的资金，就可能使整个投资失败，从而影响其他联合投资伙伴的财务收益和投资计划。因此，在选择联合投资伙伴时，财务能力风险是一个主要的风险因素。

Cumming& Walz（2004）提出，管理能力是私募股权投资者为被投资企业提供增值服务的主要能力。Brander、Amit & Antweiler（2002）的研究认为私募股权联合投资可以为被投资企业提供更多的管理支持，因为私募股权投资者在投资后通常会介入被投资企业的经营管理活动。私募股权投资公司通常会安排一两个投资者参加被投资企业的董事会，甚至全面接管被投资企业，这就对投资者的管理能力提出了较高的要求。主导私募股权投资公司会谋求联合投资伙伴参与管理，若合作伙伴缺乏相应的管理经验，则会给企业的发展带来不利影响。Casamatta & Haritchabalet（2003）通过分析得出结论：经验丰富的投资者只与其他经验丰富的投资者组成联合投资伙伴。Brouthers 等（1995）则指出，管理团队的相容性也是私募股权联合投资合作伙伴选择的主要管理风险。当两个合作伙伴的管理团队的管理风格不相容时，会降低管理效率，影响管理业绩。

技术能力则是指联合投资伙伴对被投资企业所拥有技术的把握能力。技术能力对于风险投资类私募股权投资选择合作伙伴尤为重要。当主导投资者主要考虑用联合投资者的技术能力来弥补自己在这方面的不足时，备选合作伙伴的技术能力风险就尤其突出。市场经验则是备选联合投资伙伴对拟投资行业市场的把握程度。与技术能力一样，当主导投资者主要考虑用联合投资者的市场判断能力来弥补自己在这方面的不足时，市场经验风险在联合投资伙伴的选择中尤其重要。

3.2.2 联合投资伙伴的组织风险

备选合作伙伴的组织风险涉及组织的相容性、合作的可能性和组织资源的相关方面（王雷、党兴华，2008），主要包括备选伙伴的投资风格风险、组织文化风险、长期合作的风险、社会网络和资源的风险。

Bonner & Lewis（1990）提出，投资风格与主导投资者相容与否，直接影响到投资的绩效。由于主导投资者在选择备选联合投资伙伴之前，只是大致了解合作伙伴的投资风格，并不能确切掌握合作伙伴的投资风格，这就使得联合投资合作面临风险。Hedlund（ 1994）则指出联合投资合作伙伴的组织文化差异会导致沟通过程中花费大量时间，从而使私募股权投资的效率降低，给联合投资的决策和执行带来不利影响。因此，当联合投资合作伙伴之间的组织文化不同时，组织文化的相容性也是私募股权联合投资合作伙伴选择的重要风险。

私募股权投资是一个长期的过程，长期合作的可能性就成为联合投资合作伙伴选择的重要风险（卢燕、汤建影、黄瑞华，2006）。风险投资类私募股权投资主要投资于企业的种子期、早期和成长期，要经过长时间的、多轮次的投资才能实现收益，是一项需要有耐心的投资。而对于非风险投资类私募股权投资而言，不论是产业投资、收购投资还是重振投资，投资后都需要对被投资企业进行资源整合和效率的提高，也不是短时间能够获得收益的。因而，长期合作的可能性就成为组织风险的重要方面。

私募股权联合投资的一个重要动机是资源互补和扩大获取投资信息的社会网络（Diller & Kaserer，2009）。Nielsen（2008）指出，获取资源是传统的私募股权联合投资的主要理论依据之一。私募股权投资者为了弥补自身资金、管理、经验、技能方面的不足，往往喜欢寻找与自身资源互补的投资公司共同投资。另外，新兴的私募股权投资者为了扩大投资信息的获取网络，更热衷于联合投资，不管在联合投资中居于主导投资地位还是跟随投资地位（Smolarski、Verick & Fixen et al.，2005；Kut & Smolarski，2006）。选择合作伙伴时的信息不对称问题，使得主导投资者无法确切掌握备选合作伙伴的资源和网络的真实情况，从而产生社会网络信息获取和资源获得的风险。

3.2.3 联合投资伙伴选择中的道德风险

由于存在信息不对称问题，联合投资的道德风险是联合投资合作伙伴选择中的主要风险。信息不对称会使主导型私募股权投资公司选择能力较差的跟随型私募股权投资公司而放弃能力较强的公司，因而产生联合投资伙伴选择过程中的逆向选择风险。同样地，跟随型投资者往往抱着“搭便车”的心理，减少对承诺的资源和服务的投入，产生道德风险（Tykvova，2007）。在联合投资中，由于对投资企业的监督是有代价的，且主导型投资者占有的股份份额要大于跟随型投资者所占有的份额，主导投资者和跟随投资者在对被投资企业进行监管和提供增值服务上所采取的行动也不同。因此，在对项目进行监管、提供增值服务方面，主导型投资者与跟随型投资者之间会形成一个博弈的过程，跟随型私募股权投资公司会衡量其采取的行动所带来的收益而采取不同的行动。

对合作方的了解程度也是私募股权投资者选择联合投资合作伙伴时面临的主要道德风险。在融资阶段，主导型私募股权投资公司要在众多私募股权投资公司中选出合适的公司作为自己的联合投资伙伴。备选的私募股权投资公司清楚自己的资金与资源状况、提供增值服务的能力以及合作的意愿等，但主导型私募股权投资公司不完全清楚这些情况，往往会因为信息不对称而出现逆向选择的风险。Biais & Perotti（2003）认为由于联合投资伙伴会分享主导投资者的投资收益并可能窃取项目的关键思想用于自肥，因而主导投资者选择联合投资伙伴的过程中面临很大风险。

违约风险是私募股权联合投资伙伴选择中所面临的另一种主要道德风险。Tykvova（2007）的研究指出，当主导投资者认为其潜在合作者有强烈的动机违背联合投资合同（“套牢”问题）或逃避责任（道德风险问题）时，主导投资者将不会选择与这些潜在合作者联合投资。联合投资协议签订后，一方面会由于宏观经济形势的影响或者合作伙伴自身情况发生改变，而使合作伙伴无法履行在联合协议中所做出的承诺，造成违约；另一方面，合作伙伴从自身的利益考虑，不按时、按量地履行自己在合作协议中对资源和服务的承诺，也会形成违约。

3.2.4 联合投资合作伙伴提前终止合作的风险

由于合作终止而带来的风险是联合投资合作伙伴选择中的重要风险。影响合作终止的主要因素有终止合作的成本、改变合作伙伴的成本和放弃合作的成本等。李忠云、龙勇和张宗盛（2004）提出放弃合作的成本是防范合作终止风险主要因素。当终止合作的成本太高时，联合投资的各合作方就会慎重对待合作承诺，从而降低终止合作的风险；当终止合作的成本较低，而合作伙伴在联合投资中的得益小于预期时，合作者会提前终止合作，转而投资其他项目。

Sarkar、Aulakh & Cavasgil（1998）则提出合作伙伴的成本改变是合作终止的重要影响因素。当合作伙伴的成本由于合作而大幅提高时，他们将会在成本与收益之间权衡，若收益的增加幅度小于成本的增加幅度，在联合投资中的得益小于预期，合作伙伴就会提前终止合作；若收益增加幅度大于成本的增加幅度，联合投资的合作有利于跟随投资者，跟随投资者就会履行合约，继续投资。

Allen & Meyer（1990）提出，合作失败的损失是防范联合投资提前终止风险的重要因素。当合作失败的损失较低时，联合投资的合作者就会对联合投资掉以轻心，甚至不完全履行合作契约中的资源和服务的承诺，而导致合作失败。由于主导投资者在联合投资中所占的比重较大，当合作失败时，主导投资者的损失也较大。可见，联合投资伙伴提前终止合作，也是联合投资合作伙伴选择过程中的主要风险。

综上所述，备选伙伴的能力风险、组织风险、道德风险和合作终止风险是联合投资伙伴选择中所面临的主要风险。要规避联合投资伙伴选择的风险，首先要对备选联合投资伙伴进行收益和风险的全面评价，以确定最佳的合作伙伴。

3.3 静态联合投资伙伴选择模型及求解

要规避私募股权联合投资合作伙伴选择的风险，就必须对联合投资的备选合作伙伴进行评价，在合作收益和合作风险两者中做出权衡，最大限度地降低合作的风险，提高合作的收益。从整体上看，私募股权联合投资分为单一投资阶段的联合投资和多阶段的联合投资。在单一投资阶段中，私募股权投资的主导投资者发起投资，并对拟参加联合投资的其他私募股权投资合作伙伴进行甄别，确定最合适的联合投资合作伙伴，合作仅限于本次投资，因而是静态的、一次性的合作伙伴的选择过程。对于复合型私募股权投资者来说，主导投资者往往投资于企业生命周期的多个阶段，在不同投资阶段选择不同的投资合作伙伴，对各阶段联合投资伙伴的选择过程是一个复杂的、动态的过程。本节首先从单一阶段联合投资伙伴的选择与评价入手，来分析在单一投资阶段中，怎样通过对备选联合投资伙伴的选择来规避联合投资的风险。在下一节则从多阶段投资角度分析联合投资的伙伴选择。

在单阶段投资中，双方的合作是一次性的，备选联合投资伙伴出于商业竞争的需要，往往不愿意公开对其有害或无益的内部信息，从而使主导投资者与跟随投资者之间存在信息不对称现象。主导投资者很难获取有关备选跟随投资者的比较完整、准确的信息，导致主导投资者对备选跟随投资者的部分评价指标的评价表现出“模糊”的特点，具体表现为：对备选伙伴的基本情况（定性指标）有大致了解，对部分定量指标难以做出准确的估计；在信息不完整的情况下，只能用定性评价指标，借助专家的意见和知识来甄别和鉴定备选合作伙伴，这使得评价不可避免地带有一定的主观性。为了解决这个问题，本书在综合考察各种评价方法之后，将模糊评价法作为信息不完全条件下主导投资者对联合投资跟随投资者的评价方法，借助联合投资伙伴的风险调整的收益值来构建备选联合投资伙伴的评价模型，以规避联合投资风险。

考虑到私募股权投资的特点，本书拟定以备选联合投资伙伴的声誉、与主导投资者的组织相容性、与主导投资者资源的互补性及联合成本 4 个评价指标为一级评价指标，财务声誉、投资风格等 16 个评价指标为二级指标，以风险调整的收益为总评价目标，构建私募股权联合投资伙伴评价指标体系，如图 3-2 所示。

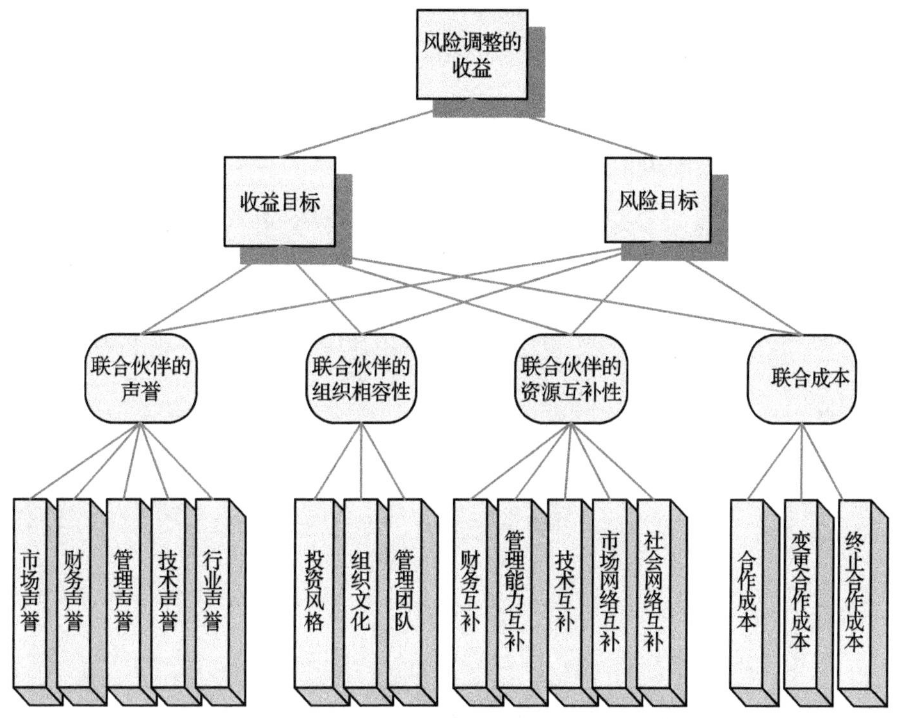

图 3-2 私募股权联合投资伙伴选择的评价指标体系

3.3.1 构建备选联合投资伙伴的评价指标矩阵

设有 n 个联合投资合作伙伴满足联合投资伙伴选择的约束，形成方案集：

$$D=\{d_1, d_2, \cdots, d_n\}$$

3.3.1.1 确定定量评价指标的评价矩阵

由专家根据以往经验对各备选联合投资伙伴的各项评价指标打分，设有 n 个备选联合投资伙伴，对其评价的指标有 m 个，其中定量指标为 q 个，定性指标有 m-q 个。其中定量指标的评价矩阵为 X_1：

$$X_1=\begin{bmatrix} x_{11} & x_{12} & \cdots & x_{1n} \\ x_{21} & x_{22} & \cdots & x_{2n} \\ \cdots & \cdots & \cdots & \cdots \\ x_{q1} & x_{q2} & \cdots & x_{qn} \end{bmatrix}=(x_{ij})_{q\times n} \tag{3-1}$$

其中，i=1，2，…，q；j=1，2，…，n。

x_{ij} 为第 j 个备选伙伴 s_j 关于第 i 个定量指标 U_i 的评价值。由于不同指标的量纲通常各不相同，具有不可公度性，可按下列规格化公式将其无量纲化：若 U_i 为越大越优型指标，则 $r_{ij}=\frac{x_{ij}}{\max\limits_{j} x_{ij}}$；若 U_i 为越小越优型，则 $r_{ij}=\frac{\min\limits_{j} x_{ij}}{x_{ij}}$。因此可得到 n 个备选联合投资伙伴的定量指标的无量纲评价矩阵 R_1：

$$R_1=\begin{bmatrix} r_{11} & r_{12} & \cdots & r_{1n} \\ r_{21} & r_{22} & \cdots & r_{2n} \\ \cdots & \cdots & \cdots & \cdots \\ r_{q1} & r_{q2} & \cdots & r_{qn} \end{bmatrix}=(r_{ij})_{q\times n} \tag{3-2}$$

其中，i=1，2，…，q；j=1，2，…，n。

3.3.1.2 确定定性指标的评价矩阵

按照评价标准对 n 个备选伙伴的每一个定性指标的优越性分别在收益目标下和风险目标下进行二元对比，建立 n 个备选伙伴关于定性指标 U_k（k=q+1，…，m）在目标 c（c=R，V）下优越性的二元对比矩阵 $E_{U_k}^{(c)}$：

$$E_{U_k}^{(c)}=\begin{bmatrix} e_{(q+1)1}^{(c)} & e_{(q+1)2}^{(c)} & \cdots & e_{(q+1)n}^{(c)} \\ e_{(q+2)1}^{(c)} & e_{(q+2)2}^{(c)} & \cdots & e_{(q+2)n}^{(c)} \\ \cdots & \cdots & \cdots & \cdots \\ e_{m1}^{(c)} & e_{m2}^{(c)} & \cdots & e_{mn}^{(c)} \end{bmatrix}=(e_{kj}^{(c)})_{(m-q)\times n} \tag{3-3}$$

其中：$k=1, 2, \cdots, (m-q)$；$j=1, 2, \cdots, n$；$e_{kj}^{(c)}$ 是定性指标 U_k 在备选伙伴 s_k 与备选伙伴 s_l 之间进行优越性二元对比的定性排序标度。其确定如下：若 s_k 比 s_l 优越，取 $e_{kl}^{(c)}=1$，$e_{lk}^{(c)}=0$；若 s_l 比 s_k 优越，取 $e_{kl}^{(c)}=0$，$e_{lk}^{(c)}=1$；若 s_k 与 s_l 同等优越，取 $e_{kl}^{(c)}=e_{lk}^{(c)}=0.5$。

若优越性二元对比矩阵 $E_{U_k}^{(c)}$ 满足：①当 $e_{jk}^{(c)} \varphi e_{jl}^{(c)}$ 时，有 $e_{kl}^{(c)}=0$；②当 $e_{jk}^{(c)} \pi e_{jl}^{(c)}$ 时，有 $e_{kl}^{(c)}=1$；③当 $e_{jk}^{(c)}=e_{jl}^{(c)}=0.5$ 时，有 $e_{kl}^{(c)}=0.5$，则 $E_{U_k}^{(c)}$ 满足优越性定性排序的传递性，可称 $E_{U_k}^{(c)}$ 为优越性排序一致性标度矩阵。否则，需重新判断，直到满足上述条件为止。若 $E_{U_k}^{(c)}$ 为优越性排序一致性标度矩阵，根据 $E_{U_k}^{(c)}$ 各行和数从大到小进行排列，得到各备选伙伴在满足排序一致性条件下优越性的定性排序，其中对应行和数相等的两个候选伙伴排序相同。

在优越性定性排序的基础上，以排序第一的备选伙伴为基准，与排序依次为第二，第三，…，第 n 的备选伙伴就定性指标 U_k 逐个进行优越性对比，取得定性指标 U_k 在目标 c 下的相对评价向量 $r_k^{(c)}$，$r_k^{(c)}=(r_{k1}^{(c)}, r_{k2}^{(c)}, \cdots, r_{kn}^{(c)})$。

由 m－q 个定性指标的相对评价向量构成定性指标的相对评价矩阵 $R_2^{(c)}$：

$$R_2^{(c)}=\begin{bmatrix} r_{(q+1)1}^{(c)} & r_{(q+1)2}^{(c)} & \cdots & r_{(q+1)n}^{(c)} \\ r_{(q+2)1}^{(c)} & r_{(q+2)2}^{(c)} & \cdots & r_{(q+2)n}^{(c)} \\ \cdots & \cdots & \cdots & \cdots \\ r_{m1}^{(c)} & r_{m2}^{(c)} & \cdots & r_{mn}^{(c)} \end{bmatrix}=(r_{kj}^{(c)})_{(m-q)\times n} \tag{3-4}$$

将定量与定性指标相对评价矩阵 R_1 和 $R_2^{(c)}$ 合并，可得联合投资备选伙伴关于所有评价指标的综合相对优属度矩阵 $R^{(c)}$①：

$$R^{(c)}=\begin{bmatrix} r_{11} & r_{12} & \cdots & r_{1n} \\ \cdots & \cdots & \cdots & \cdots \\ r_{q1} & r_{q2} & \cdots & r_{qn} \\ r_{(q+1)1}^{(c)} & r_{(q+1)2}^{(c)} & \cdots & r_{(q+1)n}^{(c)} \\ \cdots & \cdots & \cdots & \cdots \\ r_{m1}^{(c)} & r_{m2}^{(c)} & \cdots & r_{mn}^{(c)} \end{bmatrix}=(r_{ij}^{(c)})_{m\times n} \tag{3-5}$$

3.3.2 确定指标权重

在对合作伙伴的选择中，不同的主导投资者对评价指标的重要程度会有不同的评价。传统的方法在确定指标权重时，通常采用层次分析法（AHP）或专家意见调查法求得各指标的权重集，这两种方法的主观性太强，客观性较差。本书采用熵值法求权重，可避免主观判断带来的不确定性。其过程如下：

第一步计算各指标的熵值 $e_i^{(c)}$。

$$e_i^{(c)}=-K\sum_{j=1}^{n}r_{ij}^{(c)}\ln r_{ij}^{(c)} \quad (i=1,\ 2,\ \cdots,\ m) \tag{3-6}$$

其中，$K=\frac{1}{\ln n}$，$0\leqslant e_i^{(c)}\leqslant 1$。当备选伙伴的数目 n 确定后，K 为常数。

第二步计算权重。第 i 个指标的评价值在目标 c 下的分散程度为 ${}_{(c)}w'_i$。

$${}_{(c)}w'_i=1-e_i^{(c)} \tag{3-7}$$

其中 i=1，2，…，m。第 i 个指标对应的评价值越分散，相应的 ${}_{(c)}w'_i$ 也越大，表明第 i 个指标的重要程度越高。因此用熵值来表示第 i 个指标的权重因子为：

①定量指标在收益目标和风险目标下的相对评价矩阵是一致的，所以不区别收益目标或是风险目标。

$$ {}_{(c)}w_i = \frac{{}_{(c)}w'_i}{\sum_{i=1}^{m} {}_{(c)}w'_i} \tag{3-8} $$

3.3.3　确定最优参考向量和最劣参考向量

对于规格化矩阵 $R^{(c)}$，选取各个评价指标的相对最优值作为最优参考向量 G，选取各个评价指标的相对最劣值组成最劣参考向量 B，则以目标 c 为决策目标的指标的相对属性最优值为：

$G^{(c)} = (G_1^{(c)}, G_2^{(c)}, \cdots, G_m^{(c)})^T$，$G_i^{(c)} = \max_j r_{ij}^{(c)}$，

其中，i=1，2，…，m；j=1，2，…，n。

相对属性最劣值为：

$B^{(c)} = (B_1^{(c)}, B_2^{(c)}, \cdots, B_m^{(c)})^T$，$B_i^{(c)} = \min_j r_{ij}^{(c)}$，

其中，i=1，2，…，m；j=1，2，…，n。

3.3.4　计算距优距离和距劣距离

若在目标 c 下，Z_j^{c+} 是第 j 备选伙伴相对优的相对隶属度，则 $1-Z_j^{c+}=Z_j^{c-}$ 为第 j 备选伙伴相对劣的相对隶属度。在目标 c 下，方案 j 距最优方案的距离为：

$$ d_{jG}^{(c)} = \left\{ \sum_{i=1}^{m} \left[{}_{(c)}w_i (G_i^{(c)} - r_{ij}^{(c)}) \right]^{\rho} \right\}^{\frac{1}{\rho}} \tag{3-9} $$

其中，ρ 为距离参数，ρ=1 为海明距离，ρ=2 为欧氏距离。以隶属度为权重的加权距优距离为：

$$ D_{jG}^{(c)} = Z_j^{c+} \left\{ \sum_{i=1}^{m} \left[{}_{(c)}w_i (G_i^{(c)} - r_{ij}^{(c)}) \right]^{\rho} \right\}^{\frac{1}{\rho}} \tag{3-10} $$

方案 j 距最劣方案的距离为：

$$ d_{jB}^{(c)} = \left\{ \sum_{i=1}^{m} \left[{}_{(c)}w_i (r_{ij}^{(c)} - B_i^{(c)}) \right]^{\rho} \right\}^{\frac{1}{\rho}} \tag{3-11} $$

以隶属度为权重的加权距劣距离为：

$$D_{jB}^{(c)} = Z_j^{c-}\left\{\sum_{i=1}^{m}[{}_{(c)}w_i(r_{ij}^{(c)} - B_i^{(c)})]^{\rho}\right\}^{\frac{1}{\rho}}$$
$$= (1 - Z_j^{c+})\left\{\sum_{i=1}^{m}[{}_{(c)}w_i(r_{ij}^{(c)} - B_i^{(c)})]^{\rho}\right\}^{\frac{1}{\rho}} \tag{3-12}$$

3.3.5 确立优化准则及最优联合投资伙伴

以备选伙伴 j 的加权距优距离和加权距劣距离的平方和最小为优化准则，按收益目标和风险目标分别建立下面的寻优目标函数：

$$\min F(Z_j^R) = (D_{jG}^R)^2 + (D_{jB}^R)^2$$
$$= (Z_j^{R+})^2\left\{\sum_{i=1}^{m}[{}_{(R)}w_i(G_i^{(R)} - r_{ij}^{(R)})]^{\rho}\right\}^{\frac{2}{\rho}} +$$
$$(1 - Z_j^{R+})^2\left\{\sum_{i=1}^{m}[{}_{(R)}w_i(r_{ij}^{(R)} - B_i^{(R)})]^{\rho}\right\}^{\frac{2}{\rho}} \tag{3-13}$$

$$\min F(Z_j^V) = (D_{jG}^V)^2 + (D_{jB}^V)^2$$
$$= (Z_j^{V+})^2\left\{\sum_{i=1}^{m}[{}_{(V)}w_i(G_i^{(V)} - r_{ij}^{(V)})]^{\rho}\right\}^{\frac{2}{\rho}} +$$
$$(1 - Z_j^{V+})^2\left\{\sum_{i=1}^{m}[{}_{(V)}w_i(r_{ij}^{(V)} - B_i^{(V)})]^{\rho}\right\}^{\frac{2}{\rho}} \tag{3-14}$$

对目标函数求导，并令一阶导数为 0：

$$\frac{dF(Z_j^R)}{dZ_j^{R+}} = 0 \tag{3-15}$$

$$\frac{dF(Z_j^V)}{dZ_j^{V+}} = 0 \tag{3-16}$$

解得：

$$Z_j^{R+} = \frac{\left\{\sum_{i=1}^{m}[{}_{(R)}w_i(r_{ij}^{(R)} - B_i^{(R)})]^{\rho}\right\}^{\frac{2}{\rho}}}{\left\{\sum_{i=1}^{m}[{}_{(R)}w_i(G_i^{(R)} - r_{ij}^{(R)})]^{\rho}\right\}^{\frac{2}{\rho}} + \left\{\sum_{i=1}^{m}[{}_{(R)}w_i(r_{ij}^{(R)} - B_i^{(R)})]^{\rho}\right\}^{\frac{2}{\rho}}} \tag{3-17}$$

$$Z_j^{V+}=\frac{\left\{\sum_{i=1}^{m}\left[{}_{(V)}w_i\left(r_{ij}^{(V)}-B_i^{(V)}\right)\right]^{\rho}\right\}^{\frac{2}{\rho}}}{\left\{\sum_{i=1}^{m}\left[{}_{(V)}w_i\left(G_i^{(V)}-r_{ij}^{(V)}\right)\right]^{\rho}\right\}^{\frac{2}{\rho}}+\left\{\sum_{i=1}^{m}\left[{}_{(V)}w_i\left(r_{ij}^{(V)}-B_i^{(V)}\right)\right]^{\rho}\right\}^{\frac{2}{\rho}}} \tag{3-18}$$

由式（3-17）和式（3-18）分别得到收益和风险目标下，备选伙伴距相对属性最大值隶属度向量 $Z^{R+}=(Z_1^{R+}, Z_2^{R+}, \cdots, Z_n^{R+})$ 和 $Z^{V+}=(Z_1^{V+}, Z_2^{V+}, \cdots, Z_n^{V+})$。在收益目标下，$Z^{R+}$越大收益越大；在风险目标下，$Z^{V+}$越大风险越小。

以风险为权重，得到备选联合投资伙伴的最大收益隶属度值 β_j 作为最终的评价指标：

$$\beta_j=Z_j^{V+}Z_j^{R+} \tag{3-19}$$

主导投资者对备选合作伙伴的风险加权的最大收益隶属值 β_j 进行比较，β_j 最大的为最优决策。

3.4 多阶段混合目标联合投资伙伴动态选择风险规避

3.4.1 联合投资的多阶段性特征

20 世纪 90 年代以来，私募股权投资行业得到快速发展，较高的收益率刺激大量的资本涌入私募股权投资行业，便出现了"金钱追逐交易现象"（Ljungqvist & Richardson，2003；Gompers & Lerner，2000），私募股权投资产业中增加的竞争资本对投资组合公司的收益率有一个负影响。随着私募股权投资的规模越来越大，联合投资成为私募股权投资的主要形式，而市场形势变化的不确定性使得多阶段投资成为联合投资的一个主要特征。

联合投资是拥有不同关键资源的几家私募股权投资机构，为了快速地响应某一投资市场机遇而结成的一种暂时性的联合。这一联合因投资机遇的产生而产生，也随着任务的完成而宣告结束。当下一次机遇来临时，又开始新一轮的联合。动态联合投资的组建过程是一项复杂的系统工程，其中一个关键环节是主导投资者选择合适的联合投资伙伴，合作伙伴选择得恰当与否直接关系到联合投资的市场反应速度及合作的绩效和成败。因此，多阶段联合投资伙伴选择的风险规避问题是私募股权联合投资风险规避的重要方面。

在联合投资中，主导投资者一般为混合型（Generalist）私募股权投资者，并且主导私募股权投资的多个阶段，对各阶段联合投资备选伙伴的选择具有多阶段和动态性的特征。私募股权投资的不同阶段对联合投资伙伴的资源和能力的要求不同，当主导投资者主导多个阶段的投资时，就需要在混合目标下动态地选择联合投资伙伴。在种子期（Seed Capital）和初期（First and Second Venture Capital）投资阶段，主导投资者看重的是联合投资者的行业经验和技能，对融资能力要求不高；在 IPO 前期的投资（pre-IPO）阶段，主导投资者看重的是将资产组合上市的经验和能力；夹层融资或麦则恩投资的投资时间较短，资金量相对较大，主导投资者看重的是融资能力；收购型（Leveraged Buyouts）的投资，由于资金需要量较大且需要在短时间内快速筹集，主导投资者看重的是收购前迅速从各种渠道筹集资金，收购后在短期内（一两年内）将企业各种资产优化配置以提高盈利的能力和现金流量以及偿还借款的能力；重振型（Turnaround）投资的投资者要在收购前筹集大量资金，收购后对企业资产拆分重组，确定新的发展方向和管理规则，因而主导投资者不但看重合作伙伴的融资能力，而且看重合作伙伴的行业经验和企业管理能力。

3.4.2 多阶段联合投资合作伙伴选择风险规避方法的理论分析

私募股权投资的多阶段联合投资伙伴选择风险规避问题属于合作对策问题。经典合作对策是在确定环境下研究投资者如何结成联合投资联盟，以及如何分配联合投资中各方所占的股份比例，它具有两个假设：①私募股权投资者完全参与到一个特定的联合投资联盟之中，即每个私募股权投资者要么参加某个联合投资，要么不参加某个联合投资，不存在投资者以一定的参与率参加某个联合投资的情况；②私募股权投资者在合作之前完全清楚地知道不同的合作策略所产生的预期收益，以及自身参与特定联盟的所得分配。但是现实问题中的私募股权联合投资往往不满足以上两个假设，现实中更多的情况是私募股权投资者分别以不同的参与率参加多个联合投资，并且无法确定地预测到不同联合投资中的精确的预期收益。因此，需要在不确定环境下讨论私募股权联合投资合作伙伴选择风险的规避问题。

不确定性在多阶段私募股权联合投资过程中普遍存在，主要表现为两种形式：一种是联合投资事件发生的不确定性，即联合投资事件发生的随机性；另一种则是联合投资过程所处环境或状态的不确定性，即联合投资环境或状态的模糊性。前者在数学上被称为排中性，主要说明联合投资事件是否发生的问题；后者指联合投资时所处的环境或者状态不确定，致使联合投资的投资者在联合投资决策或执行过程中产生不同的感觉，进而做出不同的决策。因此，分析多阶段联合投资的合作伙伴选择问题，关键在于把握多阶段联合投资合作伙伴通过“动态”的相互竞争合作降低投资风险，获得高于自己单独投资的风险加权的收益。联合投资合作伙伴选择的风险规避问题即是模糊环境下主导投资者选择拟合作伙伴的决策问题。多阶段联合投资的运作系统一般是由多个投资环节依次相互联结而成的链状结构，各投资环节合作伙伴的选择不仅与该合作伙伴自身的因素有关，而且与上下游投资环节各合作伙伴的选择有很大关系，因此，多阶段联合投资合作伙伴的选择是一个系统规划。正确选择各投资环节的联合投资合作伙伴，达到多阶段投资运作系统优化是一个混合目标多阶段决策问题。多阶段混合目标模糊选优动态规划理论提供了较好的解决该问题的方法，对于解决模糊环境下的私募股权联合投资合作伙伴选择风险规避问题的研究具有重要的理论意义和实现意义。

3.4.3 问题描述

主导私募股权投资者欲进行多阶段的联合投资以抓住某一投资市场机遇。

假设私募股权投资项目由 T 个投资阶段构成，${}_tS=\{{}_tS_1, {}_tS_2, \cdots, {}_tS_{n(t)}\}$ 为第 t（t=1，2，…，T）投资阶段的备选伙伴集；j=1，2，…，n（t）为第 t 阶段备选合作伙伴；${}_tU=(U_1, U_2, \cdots, U_m)$ 为 t 阶段备选合作伙伴的评价指标集，其中第 1~q 个指标为定量评价指标，第（q+1）~m 个指标为定性评价指标，这些评价指标或为越大越优型，或为越小越优型。主导投资者从整个投资系统运作的角度出发，以备选伙伴评价指标集为依据，在每一个投资阶段中优选出一个或多个合作伙伴构成联合投资联盟，共同完成多阶段私募股权投资，以规避联合投资伙伴选择的风险，实现最大收益。

3.4.4 多阶段混合目标模糊选优动态规划模型的建立及求解

结合 3.3 节单一投资阶段联合投资伙伴选择的模型，若第 t（t=1，2，…，T）投资阶段备选伙伴 ${}_tS_j$ 在目标 c 下距优的相对隶属度为：

$$
{}_tZ_j^{c+}=\frac{\left\{\sum_{i=1}^{m}\left[{}_{(c)}w_i\left({}_tr_{ij}^{(c)}-{}_tB_i^{(R)}\right)\right]^{\rho}\right\}^{\frac{2}{\rho}}}{\left\{\sum_{i=1}^{m}\left[{}_{(c)}w_i\left({}_tG_i^{(R)}-{}_tr_{ij}^{(c)}\right)\right]^{\rho}\right\}^{\frac{2}{\rho}}+\left\{\sum_{i=1}^{m}\left[{}_{(c)}w_i\left({}_tr_{ij}^{(c)}-{}_tB_i^{(R)}\right)\right]^{\rho}\right\}^{\frac{2}{\rho}}} \tag{3-20}
$$

第 t 投资阶段备选联合投资合作伙伴距相对属性最优值隶属度向量为 ${}_tZ^{R+}=({}_tZ_1^{R+}, {}_tZ_2^{R+}, \cdots, {}_tZ_n^{R+})$ 和 ${}_tZ^{V+}=({}_tZ_1^{V+}, {}_tZ_2^{V+}, \cdots, {}_tZ_n^{V+})$。在收益目标下，${}_tZ^{R+}$ 越大收益越大；在风险目标下，${}_tZ^{V+}$ 越大风险越小。

以备选联合投资伙伴的风险 Z^{V+} 为权重，对 Z^{R+} 加权，得到第 t 投资阶段备选联合投资伙伴的风险加权的收益评价值：

$$
{}_t\beta_j={}_tZ_j^{V+}\,{}_tZ_j^{R+} \tag{3-21}
$$

主导投资者对第 t 投资阶段的备选合作伙伴的风险加权的收益评价值 ${}_t\beta_j$ 进行比较，按 ${}_t\beta_j$ 的大小顺序得到 t 阶段联合投资伙伴的优劣顺序。

3.4.5 联合投资最优组合的确定

按照最大收益原则，选取 T 个阶段风险加权的收益值的总和最大为模糊优化动态规划的目标函数，即：

$$f = \max\{\sum_{t=1}^{T} {}_{t}\beta_{j}\} \tag{3-22}$$

根据动态规划最优化原理与目标函数，建立备选伙伴递推方程：

$$\begin{cases} {}_{t}\overset{*}{f} = \max\{{}_{t}\beta_{j} + {}_{t-1}\overset{*}{f}\} \\ {}_{1}\overset{*}{f} = {}_{1}\beta_{j} \end{cases} \tag{3-23}$$

${}_{t}\overset{*}{f}$ 表示第 t 阶段备选联合投资伙伴的风险调整后的最大收益值，为第 t 投资阶段各备选联合投资伙伴风险加权的收益值与第 t-1 阶段风险调整后的最大收益值之和的最大值；${}_{t}\beta_{j}$ 表示 t 阶段各备选伙伴 S_{tj} 风险加权的收益值，${}_{t-1}\overset{*}{f}$ 表示 t-1 阶段备选伙伴中风险调整后的最大收益值。

由式（3-23）进行分阶段递推至第 T 阶段，根据第 T 阶段各备选伙伴的风险调整后的收益值之和最优，求得第 T 阶段的最优决策 $\overset{*}{d}_{T}$，然后再逆序向前面各个阶段代回计算，可求得各阶段的最优策略 $\overset{*}{d} = (\overset{*}{d}_{1}, \overset{*}{d}_{2}, \cdots, \overset{*}{d}_{T})$ 为多阶段联合投资的最优伙伴组合。

3.5 HP 公司多阶段联合投资伙伴选择实例

HP 投资集团成立于 1971 年，管理着超过 350 亿美元的资产，是一家混合型的私募股权投资公司。HP 公司主要在北美、欧洲和亚洲进行投资，投资涉及行业包括融资服务、卫生保健、工业、技术、媒体与通信、能源、消费与零售和房地产。自成立以来，公司已募集了 12 个私募股权投资基金，在 30 多个国家的 600 多家公司投资了超过 290 亿美元的资本，并拥有一个积极管理的投资组合。公司的 59 位董事及总经理和 160 多位投资专家分布在北京、法兰克福、中国香港、伦敦、孟买、纽约、旧金山、上海和东京①。

QT 酒店成立于 2005 年，2005 年 3 月获得 JR 投资的首轮风险投资 6000 万元，为 QT 酒店的早期发展注入了资本。QT 采用“鼠标+水泥”的经营模式，建成国内独家集互联网络、呼叫中心、短信、手机 WAP 及酒店管理系统于一体的酒店预订系统，同时为顾客提供网上预订、全国免费电话 400 预订、短信预订、WAP 预订四种便利预订方式，为 QT 酒店的快速扩张和稳步发展提供了有力的保证。秉承让客人“天天睡好觉”的愿景，QT 酒店从关注客户的核心需求出发，在产品及服务流程设计上不断进行整合创新，运用标准化运营体系对旗下所有连锁分店实行统一品牌形象、统一服务质量、统一运作标准、统一市场营销、统一信息管理，为客户提供环保、健康、便捷、更具人性化的统一标准的优质酒店服务和会员服务。创立了以“顾客受益最大化”为宗旨的国内首家经济型酒店跨区域酒店联盟，利用网络平台的优势，降低联盟酒店的运营成本，把更多的利益返还给消费者，让广大联盟会员更多、更好地获得干净、健康、便捷、安全的高性价比酒店服务②。

HP 公司于 2006 年 11 月 7 日对处于发展期的 QT 酒店进行首次投资，投资金额为 1000 万美元，占 QT 酒店 20%的股份，成为 QT 酒店的私募股权投资主导投资者。此后，QT 酒店进入了快速发展阶段，2007 年 5 月分店数突破 100 家，并开通了 24 小时手机短信预订服务③。为了促进 QT 酒店的进一步发展，HP 公司想在随后的投资轮次中选择联合投资合作伙伴，组建联合投资联盟，并使各投资阶段联合投资合作伙伴的选择满足整个投资过程中风险加权的收益值最大的最优化目标。HP 公司把该项目分为三个投资阶段：第一阶段是对处于发展期的 QT 酒店进行股权投资，以促进企业迅速扩展连锁网络，取得收益；第二阶段是对在前一投资阶段已取得收益的 QT 酒店进行更大规模的投资，以扩大市场份额，实现更大收益；

①资料来源：HP 公司网站公布资料。

②资料来源：QT 公司网站公布资料。

③资料来源：ChinaVenture 旗下数据库 CVSource。

第三阶段是对经过前两期投资后取得较好收益的 QT 酒店进行上市前的融资，并为上市做好准备，以备上市成功后退出，实现私募股权投资收益。经过筛选，HP 公司初步确定四家私募股权投资公司为第一阶段的备选合作伙伴，分别记为${}_1S_1$、${}_1S_2$、${}_1S_3$、${}_1S_4$；三家私募股权投资者为第二阶段的备选合作伙伴，分别记为${}_2S_1$、${}_2S_2$、${}_2S_3$；${}_3S_1$、${}_3S_2$、${}_3S_3$ 和${}_3S_4$ 四家私募股权投资机构为第三阶段上市前融资的备选合作伙伴。HP 公司准备在每个投资阶段各选择出一个或两个合作伙伴联合投资。由前所述，收益和风险为选择联合投资伙伴所要考虑的两个要素；假定${}_tU=(U_1, U_2, U_3, U_4)$ 分别代表备选联合投资伙伴选择的联合成本、声誉、组织相容性和资源的互补性，为多阶段联合投资伙伴选择评价所要考虑的四个指标。其中联合成本为定量指标；声誉、组织相容性和资源的互补性为定性评价指标。利用本章所建立的评价模型，采用图 3-1 所示的评价目标与评价指标及子指标，对联合投资备选合作伙伴进行评价如下。

3.5.1 定量指标评价矩阵的确定

组织公司投资评估委员会成员熟悉 QT 酒店的经营情况和备选联合投资合作伙伴的特长、优势、劣势。对三个联合投资阶段的各备选合作伙伴的定量评价指标联合成本打分，得到评价矩阵（见附录 1）。

由于联合成本为定量指标，在收益和风险目标下的评价相同。按${}_tr_{ij}=\frac{\min_{t\,j} {}_tx_{ij}}{{}_tx_{ij}}$将其无量纲化，得到三个投资阶段无量纲化的联合成本指标评价矩阵为：${}_1R_1=[0.692, 0.790, 1, 0.728]$，${}_2R_1=[0.778, 0.681, 1]$，${}_3R_1=[0.488, 0.52, 0.907, 1]$。

3.5.2 定性指标评价矩阵的确定

对三个联合投资阶段的备选伙伴的声誉、组织相容性和资源互补性三个定性指标分别在收益和风险目标下进行二元对比，得到三个投资阶段备选联合伙伴的声誉、组织相容性、资源互补性的相对评价指标评价矩阵。

在收益目标下三个投资阶段的相对评价矩阵为：

$$ {}_1R_2^R = \begin{bmatrix} 0.734 & 1 & 0.541 & 0.445 \\ 1 & 0.405 & 0.905 & 0.677 \\ 0.423 & 0.543 & 0.7 & 1 \end{bmatrix} $$

$$ {}_2R_2^R = \begin{bmatrix} 0.325 & 1 & 0.758 \\ 1 & 0.732 & 0.885 \\ 1 & 0.453 & 0.677 \end{bmatrix} $$

$$ {}_3R_2^R = \begin{bmatrix} 0.905 & 0.481 & 1 & 0.667 \\ 0.818 & 0.6 & 0.739 & 1 \\ 0.429 & 1 & 0.538 & 0.667 \end{bmatrix} $$

在风险目标下三个投资阶段的相对评价矩阵为：

$$ {}_1R_2^V = \begin{bmatrix} 1 & 0.53 & 0.87 & 0.78 \\ 0.405 & 1 & 0.905 & 0.677 \\ 0.323 & 0.543 & 1 & 0.3 \end{bmatrix} $$

$$ {}_2R_2^V = \begin{bmatrix} 1 & 0.89 & 0.65 \\ 0.254 & 1 & 0.789 \\ 0.53 & 0.93 & 1 \end{bmatrix} $$

$$ {}_3R_2^V = \begin{bmatrix} 0.142 & 0.975 & 0.354 & 1 \\ 0.131 & 1 & 0.90 & 0.110 \\ 0.830 & 0.380 & 1 & 0.667 \end{bmatrix} $$

将定性指标的相对评价矩阵与定量指标的相对评价矩阵合并，得到三个投资阶段在收益目标下全部指标的相对评价矩阵和在风险目标下全部指标的相对评价矩阵。

在收益目标下全部指标的相对评价矩阵如下：

$$ {}_1R^R = \begin{bmatrix} 0.692 & 0.790 & 1 & 0.728 \\ 0.734 & 1 & 0.541 & 0.445 \\ 1 & 0.405 & 0.905 & 0.677 \\ 0.423 & 0.543 & 0.7 & 1 \end{bmatrix} $$

$$_{2}R^{R}=\begin{bmatrix}0.778 & 0.681 & 1\\ 0.325 & 1 & 0.758\\ 1 & 0.732 & 0.885\\ 1 & 0.453 & 0.677\end{bmatrix}$$

$$_{3}R^{R}=\begin{bmatrix}0.488 & 0.52 & 0.907 & 1\\ 0.905 & 0.481 & 1 & 0.667\\ 0.818 & 0.6 & 0.739 & 1\\ 0.429 & 1 & 0.538 & 0.667\end{bmatrix}$$

在风险目标下全部指标的相对评价矩阵如下：

$$_{1}R^{V}=\begin{bmatrix}0.692 & 0.790 & 1 & 0.728\\ 1 & 0.53 & 0.87 & 0.78\\ 0.405 & 1 & 0.905 & 0.677\\ 0.323 & 0.543 & 1 & 0.3\end{bmatrix}$$

$$_{2}R^{V}=\begin{bmatrix}0.778 & 0.681 & 1\\ 1 & 0.89 & 0.65\\ 0.254 & 1 & 0.789\\ 0.53 & 0.93 & 1\end{bmatrix}$$

$$_{3}R^{V}=\begin{bmatrix}0.488 & 0.52 & 0.907 & 0.1\\ 0.142 & 0.975 & 0.354 & 1\\ 0.131 & 1 & 0.90 & 0.110\\ 0.830 & 0.380 & 1 & 0.667\end{bmatrix}$$

3.5.3 确定权重

依据式（3-6）、式（3-7）和式（3-8）分别求得在收益目标下，三个投资阶段联合成本、声誉、组织相容性、资源的互补性四个指标的权重为：

$$\begin{aligned}{}_{1}w^{(R)} &= ({}_{1}w_{1}, {}_{1}w_{2}, {}_{1}w_{3}, {}_{1}w_{4})^{T}\\ &= (0.312,\ 0.204,\ 0.291,\ 0.193)^{T}\end{aligned}$$

$$ {}_2w^{(R)} = ({}_2w_1, {}_2w_2, {}_2w_3, {}_2w_4)^T = (0.267,\ 0.218,\ 0.317,\ 0.198)^T $$

$$ {}_3w^{(R)} = ({}_3w_1, {}_3w_2, {}_3w_3, {}_3w_4)^T = (0.254,\ 0.282,\ 0.289,\ 0.175)^T $$

在风险目标下，三个投资阶段联合成本、声誉、组织相容性、资源的互补性四个指标的权重为：

$$ {}_1w^{(V)} = ({}_3w_1, {}_3w_2, {}_3w_3, {}_3w_4)^T = (0.293,\ 0.301,\ 0.271,\ 0.134)^T $$

$$ {}_2w^{(V)} = ({}_2w_1, {}_2w_2, {}_2w_3, {}_2w_4)^T = (0.245,\ 0.273,\ 0.216,\ 0.266)^T $$

$$ {}_3w^{(V)} = ({}_1w_1, {}_1w_2, {}_1w_3, {}_1w_4)^T = (0.312,\ 0.203,\ 0.291,\ 0.193)^T $$

3.5.4 确定最优参考向量和最劣参考向量

以收益为目标对三个投资阶段的联合投资伙伴进行评价，联合成本、声誉、组织相容性、资源的互补性四个指标的最优参考向量分别为：

$$ {}_1G^{(R)} = (1,\ 1,\ 1,\ 1)^T; $$

$$ {}_2G^{(R)} = (1,\ 1,\ 1,\ 1)^T; $$

$$ {}_3G^{(R)} = (1,\ 1,\ 1,\ 1)^T $$

最劣参考向量分别为：

$$ {}_1B^{(R)} = (0.692,\ 0.445,\ 0.405,\ 0.423)^T; $$

$$ {}_2B^{(R)} = (0.681,\ 0.325,\ 0.732,\ 0.453)^T; $$

$$ {}_3B^{(R)} = (0.488,\ 0.481,\ 0.6,\ 0.429)^T $$

以风险为目标对三个投资阶段的联合投资伙伴进行评价，联合成本、声誉、组织相容性、资源的互补性四个指标的最优参考向量分别为：

$$ {}_1G^{(V)} = (1,\ 1,\ 1,\ 1)^T; $$

${}_2G^{(V)} = (1, 1, 1, 1)^T$;

${}_3G^{(V)} = (1, 1, 1, 1)^T$

最劣参考向量分别为：

${}_1B^{(V)} = (0.692, 0.69, 0.45, 0.3)^T$;

${}_2B^{(V)} = (0.681, 0.65, 0.254, 0.53)$;

${}_3B^{(V)} = (0.488, 0.142, 0.11, 0.38)^T$

3.5.5 确定各阶段最优联合投资伙伴

取距离参数 $\rho=1$，按照式（3-20）计算出收益目标和风险目标下备选投资伙伴相对优的优属度。计算出在收益目标下各阶段投资伙伴距相对属性最大值的隶属度${}_tZ^{R+} = ({}_tZ_1^{R+}, {}_tZ_2^{R+}, \cdots, {}_tZ_n^{R+})$；在风险目标下各阶段投资伙伴距相对属性最小值的隶属度${}_tZ^{V+} = ({}_tZ_1^{V+}, {}_tZ_2^{V+}, \cdots, {}_tZ_n^{V+})$。

各阶段备选投资伙伴在收益目标下相对优的隶属度为：

${}_1Z^{R+} = (0.44, 0.21, 0.76, 0.32)$;

${}_2Z^{R+} = (0.53, 0.22, 0.76)$;

${}_3Z^{R+} = (0.26, 0.07, 0.75, 0.83)$。

各阶段备选投资伙伴在风险目标下相对优的隶属度为：

${}_1Z^{V+} = (0.045, 0.365, 0.994, 0.071)$;

${}_2Z^{V+} = (0.02, 0.96, 0.93)$;

${}_3Z^{V+} = (0.0004, 0.881, 0.5, 0.09)$

以备选联合投资伙伴的风险隶属度为权重，计算各投资阶段备选联合投资伙伴的最大收益隶属度值${}_t\beta_j$，得到各投资阶段备选联合投资伙伴的风险加权的收益评价值：

${}_1\beta = (0.020, 0.075, 0.75, 0.023)$;

${}_2\beta = (0.012, 0.21, 0.711)$;

${}_3\beta = (0.0001, 0.065, 0.375, 0.07)$

利用式（3-22）和式（3-23）进行动态规划递推，解得最优伙伴组合：

$d=(\overset{*}{d}_1, \overset{*}{d}_2, \overset{*}{d}_3)=({}_1S_3, {}_2S_3, {}_3S_3)$

即在第一投资阶段选${}_1S_3$做联合投资伙伴，在第二投资阶段选${}_2S_3$做联合投资伙伴，在第三投资阶段选${}_3S_3$做联合投资伙伴，为整个投资过程联合投资伙伴选择的风险与收益相结合的最优组合。考虑到QT酒店在第一投资阶段需要大量的资金，且发展的不确定性较大，HP公司在第一阶段选择了两个合作伙伴：${}_1S_3$和${}_1S_2$。最终的联合投资合作伙伴组合为$d=({}_1S_3, {}_1S_2; {}_2S_3; {}_3S_3)$

QT酒店在2007年9月获得9500万美元由HP公司主导、由${}_1S_3$和${}_1S_2$参加的新一轮私募股权联合投资后，业务进一步扩张，开通了24小时手机WAP预订服务，2008年6月分店数突破260家，2008年8月注册会员突破300万人，在全球经济型连锁酒店网站Alexa排名第二，在中国排名第一①。

QT酒店在2008年10月获得由HP公司主导、由${}_2S_3$参加的第二轮联合投资6500万美元后进入获利期，注册会员于2008年11月接近500万人，成为一家网络覆盖全国的经济型连锁酒店。在广州、北京、深圳、上海、南京、武汉、成都、长沙、重庆、贵阳、济南等近40个城市和地区拥有分店超过260家，成为连续三年业内规模增长速度最快的经济型酒店企业，创造了行业发展佳话。2009年1月，QT酒店在全球经济型连锁酒店网站Alexa排名第一，成为中国连锁酒店行业的领导品牌，全球第一酒店网站。目前，HP公司正准备与${}_3S_3$合作进行QT酒店上市前的最后一轮联合投资②

3.6 本章小结

联合投资是私募股权投资的常见形式，可以有效地规避投资中存在的系统风险和非系统风险。联合投资伙伴的选择则是私募股权主导投资者所

①② 资料来源：QT公司网站公布数据及ChinaVenture旗下数据库CVSource。

面临的重要决策。全面评价备选联合投资伙伴，以规避投资伙伴选择中的风险，最大化联合投资收益，是选择联合投资合作伙伴的主要目标。本章在介绍私募股权联合投资研究背景的基础上，分析了私募股权联合投资中可能存在的风险，从单一投资阶段联合投资伙伴选择的风险规避问题入手，对规避联合投资伙伴选择风险所要考虑的联合成本、声誉、组织相容性和资源互补性四个方面的评价指标运用模糊选优的方法进行综合评价，构造了以风险隶属度加权的最优收益隶属度模型，推导出风险加权情况下联合投资伙伴的最佳选择。

在有关联合投资伙伴选择的研究中，以前的研究主要针对单一投资阶段的联合投资伙伴选择，针对多个投资阶段的联合投资伙伴选择的研究则比较少见。随着私募股权投资在世界范围内的繁荣和兴盛，投资于多个私募股权投资阶段的混合型私募股权投资基金越来越多，多阶段联合投资伙伴选择的风险规避问题就越发重要。本章在研究单一投资阶段联合投资伙伴选择的风险规避问题的基础上，运用动态规划方法，构建了多阶段联合投资伙伴选择的风险规避模型，并以 HP 公司对 QT 酒店的多阶段联合投资伙伴选择实例对本章构建的风险规避模型进行了演示。

项目选择的风险因素及风险规避

4.1 引言

私募股权投资基金作为一种金融中介，将投资者的资本聚集到一起投向私人所有企业，在一个较长的投资期内承担投资中的不确定性风险，以获取潜在的高回报（Lossen，2007）。在整个投资过程中，私募股权投资公司对投资项目的选择决策是投资价值实现的关键。私募股权投资公司通过选择投资有潜力的私人企业，并经过精心的管理监控和战略指导提升被投资企业的价值，最后退出获利。因此，投资决策是私募股权投资公司最为重要的战略决策。私募股权投资公司在选择投资企业时面临高度的复杂性和不确定性，需要深入了解企业所使用的新技术的产业化程度和有效寿命、产品的市场潜力和市场认可度、企业管理团队的开拓能力和管理水平等（Barbara & Olle，2006）。这些不确定性的存在，为私募股权投资的收益带来了较大的风险。如何通过有效的投资决策规避这些风险，是私募股权投资的核心问题。

Povaly（2007）指出，私募股权投资项目评价的主要方法有投资乘数法、基于现金流的内部收益率法和基于现金流的公开市场等价法等。早期的投资项目定量评价主要通过内部收益率法、净现值法和回收期法等来进行，这些分析方法为投资决策提供了量化依据和思路。但由于它们的一些假设忽略了许多重要的现实影响因素，诸如投资项目未来不确定性、信息不对称等（Dixit & Pindyck，2003），因而在实际应用中存在着在传统理论方法框架下难以从本质上得到解决的问题。理论和实践的需要推动了定量评价投资方法的发展，现代金融期权定价理论在 20 世纪 70 年代初应运而生。Merton 和 Scholes 因为在现代金融期权定价理论方面的开创性工作而荣获诺贝尔经济学奖。金融期权定价理论在此后得到逐步完善和发展，对现代金融市场的发展和金融风险管理的成熟起到了极大的推动作用。期权理论的核心内容是对受基础金融产品价值波动影响极大的金融期权进行定价研究。在随后的理论和实践发展中，人们对这一问题给予高度的抽象概括，逐步认识到期权定价的本质就是对更广泛意义上的“或有索取权”（Contingent Claims）的权利价值进行分析确定（Merton，1977、1998），这种权利的价值主要取决于某些特定随机事件在未来出现的状态。由于私募股权投资公司进行投资项目决策时面临着许多和“或有索取权”性质相同的权利选择，因此金融期权理论实际上也为私募股权投资公司进行投资估价和管理决策提供了新的理论方法。Kaplan & Ruback（1995）对利用实物期权方法对私募股权投资评价的方法进行了详细解释，在此基础上，Seppa & Laamanen（2001）讨论了私募股权投资技术上的复杂性和高度的不确定性，运用期权评价技术测量了美国市场上 400 个私募股权投资的价值。他们首次把实物期权评价技术用于私募股权投资决策的实证研究，发现即使是简单的二项式定价模型，也能对私募股权投资决策提供切实可行的方法。

基于实物期权的投资决策方法发现并利用了被早期投资项目定量评价理论所忽略的三方面基本特征：①企业投资是部分或完全不可逆的，投资的初始成本至少有一部分是沉没的；②来自投资的未来收益或回报是不确定的；③投资时机的选择是灵活的。这三方面特征之间的相互作用决定了投资者的最优决策（Dixit & Pindyck，2003）。实物期权的思维方式和分析框架为在复杂的不确定的环境中规避不利因素，做出投资决策提供了方法和依据（Merton，1998）。

进入 20 世纪 80 年代，博弈论在微观经济学研究中得到广泛应用。其研究思想、建模方法也渗透到投资决策的定量分析领域，为私募股权投资公司的项目投资决策提供了分析方法。理论和实践的需要，促进了期权定价理论和博弈论的结合，形成了期权博弈论的分析框架，新的期权博弈定价理论产生了（安瑛辉，2001）。期权博弈论认为，投资价值的评价应放在多阶段博弈框架下进行。期权博弈理论运用期权定价理论对包含实物期权的项目价值进行估价的同时，利用博弈论的思想和建模方法对投资进行科学管理。这一理论是针对传统投资估价和决策中存在的问题和不足提出的，其主要思想基础包括：一是对未来客观世界不确定性的认识，主要包括对金融市场特别是利率、生产技术、产品价格、市场需求等不确定因素的识别与分析研究；二是克服传统理论方法忽视管理的作用和时间影响因素的弊端，对投资的管理柔性及期权特征加以认真考虑，改进投资价值评估过程中的因素分析；三是在科学评估投资价值的基础上，在投资决策过程中考虑市场结构、市场竞争者状况和投资决策情况等，针对不同的市场结构和竞争者状况做出科学决策（Lambrecht & Perraudin，1996）。

4.2 私募股权投资项目选择风险

4.2.1 私募股权投资项目选择中的风险因素

大量的文献通过实证分析了私募股权投资风险与回报的关系，例如Ljungqvist & Richardson（2003）、Gompers & Lerner（2000）、Cumming & Walz（2004）等，但关于影响私募股权投资项目选择的风险因素的研究则较少。基于获利退出是私募股权投资的最终目标的考虑，Povaly（2007）指出，私募股权投资的“管理团队”在做投资决策时，需要依据一个规范化的评估框架对项目选择的风险进行评价和分析。Lieber（2004）提议评估应包括四个方面：管理、运作、策略和交易。他推荐私募股权投资管理团队在对拟投资企业的情况进行评估时设置一套标准化的问题，并对问题及其每一个子项指定评分标准，以分清每个单独的风险因素对投资绩效实现的影响。Povaly（2007）基于其研究，对Lieber（2004）提出的投资风险评估量表进行了改进，提出了涵盖管理、运作、策略和交易四个方面的私募股权投资风险的评估量表（见表4-1）。

表4-1 私募股权投资项目选择评价因素

评价类别	评价考虑
管理	
管理层及核心管理团队	退出计划中的风险
计划及能力	与退出计划的一致性
报酬	与退出计划的一致性
信息管理与报告	退出计划中的风险
运作	
收入/利润计划	与退出计划的一致性
费用管理	与退出计划的一致性
运作计划	与退出计划的一致性
过程的质量和效率	与退出计划的一致性
策略	
市场趋势	与退出计划的一致性
竞争地位	与退出计划的一致性
成长策略	实现退出策略的主要风险
消费者管理	胜过退出计划的预期
交易	
融资	与退出计划的一致性
价值实现	与退出计划的一致性
附加收获	胜过退出计划的预期
退出（时间预期）	与退出计划的一致性

资料来源：Povaly（2007）。

根据Povaly（2007）的研究成果，私募股权投资决策的影响因素可分为管理、运作、策略和交易四个方面。拟投资企业管理方面的风险主要涉及管理团队的质量和能力、报酬和信息报告情况。私募股权投资与传统投资项目不同，它更依赖于人的因素，更需要借助管理者（团队）的智慧、毅力、才干等来有效降低投资风险，推动企业发展壮大，走向成功。而管理者的质量和能力主要包括管理者的精神特质、经历与背景、能力素质及其自身的身体素质四个方面。企业管理者首先应该正直诚实、勤奋、踏实、富有创新精神，以确保双方能够坦诚相待，达到充分的信息交流，降低发生道德风险的概率。管理者以往的学习或工作经历会影响其决策判断以及处理事务的态度和能力，是判断管理者质量的重要依据。管理者的管理能力包括技术技能、人际技能、概念技能，这些具体地影响到企业的发展和壮大，也是评价管理者能力的重要依据。管理者的报酬和激励将直接影响到管理团队的努力和投资的收益，这也是私募股权投资决策者必须慎重对待的问题。较好的信息报告制度和要求则可以直接降低投资所面临的信息不对称的风险。

运作管理也是私募股权投资回收的重要影响因素。运作方面的风险主要涉及收入和利润计划的实现情况、费用管理情况、运作计划的执行情况以及运作过程的质量和效率。在市场和技术一定的情况下，企业能否赚钱取决于企业的运作能力。良好的运作能以较低的运作费用产出较大的投资回报。这就需要对运作进行详细的计划和管理，提高运作的质量和效率。

企业执行的策略则是私募股权投资取得收益的关键。策略方面的风险主要涉及市场趋势、竞争地位、成长策略和消费者管理情况。企业在市场中所处的地位和市场的发展趋势都直接影响到企业的成长和发展。企业的成长策略则影响企业的发展方向和速度，也是私募股权投资项目选择中所要郑重考虑的问题。成长策略欠佳的企业，能否通过私募股权投资的管理而进行修正并取得较好的回报则决定了投资者对企业的投资选择。消费者是企业发展的基础，没有良好的消费者管理能力就无法及时发现市场的需要，从而无法为企业发现和开辟新的市场。

而企业的融资情况、价值实现、附加的收获及退出的时间预期则是投资决策过程中必须考虑的交易方面的风险。融资规模太大或太小都不适合投资。当然融资规模太大可以通过联合投资的办法来解决，融资规模太小则不符合规模经济的要求，导致投资成本加大。投资价值能否实现及实现的时间（退出时间）也是私募股权投资的重要交易风险。投资不能实现或实现的时间过长（如大于基金的生命周期），再好的投资项目也不能被投资者所接受。附加收获对私募股权投资公司来说则是一个加分项，附加收获越大，越有利于投资者做出投资决策。

4.2.2 私募股权投资项目选择风险评价的主要工具

私募股权投资公司做出投资决策前，在对投资决策中的相关风险进行评价和分析之后，还要对筛选出来的企业就投资的价值进行评估。私募股权投资公司投资的目的是实现资本未来的增值，因此，投资价值是私募股权投资公司进行投资决策时考虑的关键因素。Povaly（2007）指出，私募股权投资价值评价的主要方法有投资乘数法、基于现金流的内部收益率法、基于现金流的公开市场等价法等。

投资乘数法不需要复杂的计算，解释起来也很简单。Povaly（2007）指出，投资乘数法以简单的现金流的加总与比较，来表示私募股权投资基金或单独的私募股权投资的价值和绩效，是一种简便易行的方法。但是投资乘数法没有对时间因素进行考虑，没有对现金流进行时间加权或折现。这就使得不同的投资或投资组合之间因时间不同而无法进行比较。为了解决这个问题，基于现金流的内部收益率法被提出来。

内部收益率（Internal of Return，IRR）法作为私募股权投资回报的标准测量方法，被广泛地应用在单个的私募股权投资、私募股权投资基金及行业绩效的评估上（Gompers & Lerner，2004）。内部收益率法是一种价值加权的收益，受现金流的时间模式影响。这与时间加权的收益正好相反，时间加权的收益不受时间模式的影响（Kaserer & Diller，2004）。基于现金流的内部收益率法的不足在于它不是一种收益的测量方法，因为它假设现金流是由一个特殊的可复制的投资以 IRR 的回报率产生的，而这种可复制的投资是不恰当的。在一定的折扣率下，比内部收益率法更可行的度量私募股权投资回报的方法可能是净现值法（Povaly，2007）。

净现值（Net Present Value，NPV）法的主要优点在于其在投资决策应用中的简洁易懂、方便快捷，使人们容易接受与掌握。但是对于大部分的私募股权投资决策来说，一方面，私募股权投资项目要么是刚成立的新企业，要么是进行资本结构重组的企业，抑或是遭遇困难的企业，由于投资期较长且投资中面临的变数太多，其收益具有较大的不确定性，并且由于投资初期财务杠杆等的运用及还贷的压力，其现金流往往是负值，经过一段时间的成功运作之后，后期的净现金流可能会很高，各年的净现金流量可能发生较大的波动，往往不能准确估计。净现值法并未考虑这些因素，因此，它无法做出准确的评估。另一方面，私募股权投资资金分阶段投入，确定企业的贴现率比较困难。由于投资项目的净现金流量不确定，私募股权投资公司承担了更高的风险，因此，它们应该获得相应更高的回报。贴现率必须能够反映风险的大小，才符合投资者的效用最大化要求，因此，净现值法常常低估了项目的价值（Zhang & Zhang，2008）。

由于私募股权投资决策是灵活的，可以采取延迟投资、增长投资、分阶段（递增）投资等方法以避免在于己不利时的更大损失或追逐于己有利时的更大收益。因此，私募股权投资的价值应由两部分组成，即净现值和期权溢价。所以，应用期权理论来研究私募股权投资决策，可以全面反映上述投资价值。

期权博弈理论运用期权定价理论对包含实物期权的项目价值进行估价的同时，利用博弈论的思想和建模方法对项目投资进行科学管理（Lambrecht & Perraudin，1996）。对期权博弈投资评价模型进行理论和应用研究的主要包括 Grenadier（1996、2002），Mariotti（2000），Williams（1993），Lambrecht & Perraudin（1999），Decamps & Mariotti（2000），Perotti & Rossetto（2007），Mason & Weeds（2001），Weeds（2002），Huisman & Kort（1999）等专家的贡献，这些文献研究的都是连续时间的实物期权博弈模型。实物期权博弈的离散时间分析主要是由 Smit & Ankum（1993）以及 Kulatilaka & Perotti（1998）提出的。Reinganum（1981）、Fudenberg & Tirole（1985）早期的研究提供了在确定框架条件下的博弈论基础，Tirole（1988）提供了相关的进入推迟模型的一个回顾。目前，最为成熟且影响较大的依然是 Huisman（2001）在这一领域的贡献，他给出了在技术采纳背景下对称与非对称情况中连续时间的实物期权投资博弈模型。考虑到私募股权投资的信息不对称问题，企业要想获得私募股权投资，就必须向投资者发出一个质量优良的信号，以吸引投资。因此，本章在借鉴先前研究成果的基础上，应用 Black-Scholes 模型进行期权定价分析，并引入信号博弈模型来分析企业与私募股权投资公司之间的博弈。

4.3 私募股权投资项目选择风险规避的期权模型

4.3.1 问题描述

一个具有一定技术和市场优势的企业，刚刚创立且已开始生产运营，企业的规模较小，急需大量资金开拓市场，并且愿意以一定比例的股份换取投资。而私募股权投资公司掌握着大量资金需要投到这个行业的优质企业以获取高额回报。企业和私募股权投资公司各自对企业的未来价值进行评估以决定支付给私募股权投资公司的股份比例和是否投资于该企业及是否进行后续投资。考虑到多阶段投资的复杂性，为简化问题，假设私募股权投资公司若同意投资，则投资分为两个阶段：一期投资和二期投资。私募股权投资公司是否对企业进行一期投资和二期投资，既取决于对企业未来期权价值的评估，也取决于企业与私募股权投资公司之间的动态博弈。

4.3.2 模型假设

本模型主要参考了安瑛辉和张维（2001），Granadier（1997），李洪江、曲晓飞、冯敬海（2003）等的研究成果。安瑛辉和张维总结了期权博弈方法的一般分析思路和框架；Granadier 给出了对称的双寡头垄断下的抢滩博弈模型及双寡头的精炼子博弈均衡和马尔可夫执行策略；李洪江等给出了阶段性投资最优投资比例的实物期权模型及一个算例的仿真结果。本书从私募股权投资的特征入手，对二阶段投资进行了模型描述，运用期权博弈的方法对二阶段私募股权投资期权价值进行分析计算，求出了二阶段投资的期权价值的解析解。模型假设如下。

假设一：申请投资的企业采用的技术来源于技术市场，企业未来的发展状态是不确定的。

假设二：私募股权投资公司对企业的投资是分阶段进行的，为了简化问题，假设是分两阶段进行的，是否进行第二阶段的投资要依据第一阶段投资的收益状况而定。

假设三：为简化问题，忽略建设期，认为投资后即可投产销售，并产生回报。且假设初创的企业因企业规模相对较小，能够做到以销定产和生产无滞后，不存在积压库存，产量与销量相等。

4.3.3 模型框架

4.3.3.1 决策时间的确定

假设对某一企业进行投资，第一期的投资比例为 x（$0<x<1$），则第二期的追加投资比例为 $1-x$。一期投资是企业的启动投资，增大一期资金投入会有助于进一步完善技术和工艺流程，改进产品，拓展营销渠道，增强竞争能力。但由于私募股权投资公司在进行一期投资决策时面临许多不确定因素，增加一期投资将会加大私募股权投资公司的投资风险。由于受企业经营业绩、市场竞争等诸多因素的影响，风险投资公司对风险企业进行二期投资的时间是不确定的。根据 Richard（1998）的研究，投资时间 t（x）服从参数为 x 的指数分布函数 f（x），到达投资决策点的平均时间为 1/f（x）。由前面的分析可知，t（x）随着 x 的增大而减小，即 f（x）应为 x 的增函数。假设 f（x）= bx，参数 b 表示到达二期投资决策时刻的速度，$b>0$。

4.3.3.2 收益和产销量的数学描述

设 R_t 为 t 时刻产品单位利润，Q_t 为瞬时销售量，p_t 为 t 时刻产品单位价格，C 为产品边际成本，n 为项目最大规模，则有 $R_t=p_t-C$。假设当总投资额固定时，在该投资规模下，产品边际成本 C 是恒定不变的，C 只是项目规模 n 的函数。而与产销量 Q_t 无关，即 C=C（n）（Thomas，1999）。

且假设企业单位产品价格的变动路径服从几何布朗运动（McDonald & Siegel，1985），即：

$$dp_t=\alpha_p p_t dt+\sigma_p p_t dw(t) \tag{4-4}$$

假设产品的瞬时产销量 Q_t，单位利润 R_t 的变动路径服从几何布朗运动（Pennings & Lint，2000），即：

$$dQ_t=\alpha_Q Q_t dt+\sigma_Q Q_t dw_Q(t) \tag{4-5}$$

$$dR_t=\alpha_R R_t dt+\sigma_R R_t dw_R(t) \tag{4-6}$$

在式（4-4）至式（4-6）中，α_p、α_Q、α_R 与 σ_p、σ_Q、σ_R 分别是产品价格、销量与单位利润的瞬时期望漂移率（增长率）和方差的瞬时变动率（波动率）。这些参数可以通过市场测试获得数据，再运用计量经济手段估算，同时还应该参考行业标准（Urban & Hauser，1993）。对于初创的企业来说，其产品价格长期看来呈下降趋势，相应的单位利润也呈下降趋势，而销量则呈快速增长的趋势。通常，企业的启动投资额影响着产品的初始产销量，启动投资额越大，相应的初始产销量越大，两者大致成比例。若用 Q_0 表示一期投资比例为 1 时的初始销量，则一期投资比例为 x 时，$Q_t=xQ_0$。由于企业的产品销量和利润不确定，标准维纳过程 $dw_R(t)$ 表示影响产品单位利润的风险因素，维纳过程 $dw_Q(t)$ 表示影响瞬时销售量的风险因素。通常情况下这两个因素是相关的，相关系数为 ρ，即：

$$E(w_R(t)\ w_Q(t))=t\rho \tag{4-7}$$

销量的增长与价格的降低通常是一致的，而产品成本又相对恒定，因此销量与单位利润的相关性通常为负，即 $\rho<0$（Tellis，1988）。设 y_t 为瞬时收益现金流，则有 $y_t=R_tQ_t$。由伊藤引理可知 y_t 服从几何布朗运动。

$$dy_t=\alpha_y y_t dt+\sigma_y y_t dw(t) \tag{4-8}$$

其中：

$$\alpha_y=\alpha_R+\alpha_Q+\rho\alpha_R\alpha_Q \tag{4-9}$$

$$\sigma_y^2=\sigma_R^2+\sigma_Q^2+2\rho\sigma_y\sigma_Q \tag{4-10}$$

$$w(t)=\frac{\sigma_R w_1(t)+\sigma_Q w_2(t)}{\sqrt{\sigma_R{}^2+\sigma_Q{}^2+\rho\sigma_R\sigma_Q}} \tag{4-11}$$

其中，α_y 为 y_t 的瞬时期望漂移率（增长率）；σ_y 为 y_t 的方差的瞬时变动率（波动率）；w（t）为维纳过程，综合体现了企业所面临的市场风险；y_t 综合反映了产品单位利润 R_t 和瞬时销售量 Q_t 的增长趋势及不确定性（范龙振、唐国兴，1998）。

4.3.4 收益函数的数学描述

若二期投资决策在t(x)时刻做出，则二期投资收益折现值 $v_2(t)$ 为：

$$v_2(t)=E\{\int_t^{\infty}e^{-\mu s}y_s ds\mid\vartheta_t\},\ t\geqslant t(x) \tag{4-12}$$

其中，μ 为企业个别折现率，由于企业的预期收益有限，因此 $\mu>\alpha_{y_2}$。计算可得：

$$v_2(t)=\frac{y_t}{\mu-\alpha_{y_2}}e^{-\mu t},\ t\geqslant t(x) \tag{4-13}$$

由伊藤引理可得：

$$dv_2(t)=\alpha_{v_2}v_2dt+\sigma_{v_2}v_2dw(t),\ t\geqslant t(x) \tag{4-14}$$

式中，$\alpha_{v_2}=\alpha_{y_2}-\mu$，$\sigma_{v_2}^2=\sigma_{y_2}^2=\sigma_{R_2}^2+\sigma_{Q_2}^2+2\rho_2\sigma_{R_2}\sigma_{Q_2}$。上式说明二期投资的收益折现值 v_2（t）服从几何布朗运动。其中，α_{v_2} 为 v_2（t）的瞬时期望漂移率（增长率），σ_{v_2} 为 v_2（t）的方差的瞬时变动率（波动率）。由 $\alpha_{v_2}=\alpha_{y_2}-\mu<0$，可知 v_2（t）的均值为时间 t 的减函数。也就是说，从长期来看，风险企业的预期收益呈递减趋势，贴近时间轴形成一个长长的拖尾。类似地，一期投资收益折现值 v_1（x）为：

$$v_1(x)=E\int_0^{\infty}e^{-\mu t}y_t dt=\frac{xR_0Q_0}{\mu-\alpha_y} \tag{4-15}$$

由伊藤引理可得：

$$dv_1(t)=\alpha_{v_1}v_1dt+\sigma_{v_1}v_1dw(t),\ t\geqslant t(x) \tag{4-16}$$

式中，$\alpha_{v_1}=\alpha_{y_1}-\mu$，$\sigma_{v_1}^2=\sigma_{y_1}^2=\sigma_{R_1}^2+\sigma_{Q_1}^2+2\rho_1\sigma_{R_1}\sigma_{Q_1}$。

在 t（x）之前进行一期投资的收益折现值可表示为：

$$v_1(x)\big|_{t:0\to t(x)}=E\int_0^{t(x)}e^{-\mu t}y_t dt=\frac{xR_0Q_0}{\mu-\alpha_y}(1-e^{-(\mu-\alpha_y)t(x)}) \tag{4-17}$$

相应地，一期投资在 t（x）之后的收益折现值可表示为：

$$v_1(x)\mid_{t;t(x)\to\infty}=E\int_{t(x)}^{\infty}e^{-\mu t}y_t dt=\frac{xR_0Q_0}{\mu-\alpha_y}e^{-(\mu-\alpha_y)t(x)} \tag{4-18}$$

4.3.5 投资的期权价值

投资的期权价值是投资的市场交易价值，也是私募股权投资公司向企业投资的参考额度。由于私募股权投资市场不完善，缺乏可参考的标准资产的可交易定价信息，因此采用连续型模型对私募股权投资期权进行估价的计算方法是可行的（Dixit & Pindyck，2003）。

设 F 是以私募股权投资价值 v 为基础资产的实物期权价值，v_1 表示第一阶段投资的价值，F_1 为第一阶段投资价值的期权价值；v_2 表示第二阶段投资的价值，F_2 为第二阶段投资价值的期权价值，T_1 为第一阶段投资的期限，T_2 为第二阶段投资的期限，S_1 和 S_2 分别为投资项目在第一投资阶段和第二投资阶段的折现价值，σ 是标准差，代表收益的波动风险。由前所述，v_1、v_2 服从几何布朗运动。假设无风险利率为常数 r，企业的风险调整贴现率为 R，根据无套利原则，得到 Black-Scholes 微分方程：

$$\frac{\partial F_1}{\partial t}+rv_1\frac{\partial F_1}{\partial v_1}+\frac{1}{2}\sigma_1^2v_1^2\frac{\partial^2F_1}{\partial v_1^2}=rF_1 \tag{4-19}$$

$$\frac{\partial F_2}{\partial t}+rv_2\frac{\partial F_2}{\partial v_2}+\frac{1}{2}\sigma_2^2v_2^2\frac{\partial^2F_2}{\partial v_2^2}=rF_2 \tag{4-20}$$

解之得：

$$F_1=S_1N(d_{11})-v_1e^{-rT_1}N(d_{12}) \tag{4-21}$$

$$F_2=S_2N(d_{21})-v_2e^{-rT_2}N(d_{22}) \tag{4-22}$$

其中：

$$S_1=\sum_{t=1}^{T_1}\frac{CF_t}{(1+r)^t},\ d_{11}=\frac{[In(S_1/v_1)+(r+\sigma^2/2)T_1]}{\sigma T_1^{\frac{1}{2}}},\ d_{12}=d_{11}-\sigma T_1^{\frac{1}{2}};$$

$$S_2=\sum_{t=1}^{T_2}\frac{CF_t}{(1+r)^t},\ d_{21}=\frac{[\ln(S_2/v_2)+(r+\sigma^2/2)T_2]}{\sigma T_2^{\frac{1}{2}}},\ d_{22}=d_{21}-\sigma T_2^{\frac{1}{2}}。$$

N（d_{11}）、N（d_{12}）、N（d_{21}）、N（d_{22}）为累积正态分布函数。

4.4 私募股权投资项目决策风险规避的博弈模型

4.4.1 私募股权投资项目决策风险规避的信号博弈特征

私募股权投资公司选择投资的企业要么是刚成立的企业，要么是收购成熟的准备对企业所有权结构进行调整的企业，抑或是处于危困境地需要注资进行资产重组的企业。刚成立的企业一般是在技术、管理或市场等某一方面具有垄断或竞争优势的企业，企业已经开始投产运行，但由于资金的约束，无法拓展更大的市场进而取得理想的赢利水平。这类企业由于刚刚成立，尚未建立良好的信用记录，且规模较小，可供抵押的资产很少，无法从传统的以商业银行为主体的金融市场上取得资金支持，也不具备上市要求，无法从公开的资本市场上募集资本，筹资渠道较少，除了自有资本以外，主要以股权的形式换取私募股权投资公司的资金支持。企业在得到私募股权投资公司的投资之前，拥有企业现有赢利能力方面的内部信息，得到私募股权投资公司的投资之后所创造的利润无法从整个企业的总利润中区分开来。由于私募股权投资公司在投资之前不可能知道企业的真实盈利能力，因此，在私募股权投资公司和被投资企业之间存在着围绕投资与持股比例分配的博弈。

在私募股权投资公司和申请投资的企业之间的博弈中，申请投资的企业了解企业运营的实际情况，拥有关于企业的销售、成本和利润的确切数据和信息。而私募股权投资公司则无法获取企业运营的真实数据和信息，只能根据企业所发出的信号来判断企业质量的优劣。当一个企业向私募股权投资公司申请投资时，企业要向私募股权投资公司发出一个质量优良的信号，以取得投资；

私募股权投资公司看到企业发出的信号后，对信号进行判断，以确定企业质量好的概率，并以此为依据，决定是否对企业进行投资。因此，私募股权投资公司与申请投资的企业之间的博弈不同于垄断竞争的抢滩博弈和双寡头竞争的序贯博弈，而是一种信号博弈（Signaling Game）。

4.4.2 私募股权投资项目决策风险规避的信号博弈分析

信号博弈是一种具有广泛应用意义的不完全信息的动态博弈。在私募股权投资项目决策风险规避的信号博弈中，博弈双方为私募股权投资公司和申请投资的企业。其中，申请投资的企业为信号发送者，私募股权投资公司为信号接收者。申请投资的企业（信号发送者）发出的信息是私人信息，私募股权投资公司（信号接收者）无法确切掌握；而私募股权投资公司的信息则是公开信息，申请投资者可以确切掌握。这样一来，私募股权投资公司和申请投资的企业便围绕投资与否及股权分配比例展开博弈。

信号发送者的投资价值为 π，π 为企业现有的利润。$\pi \in \Theta$，$\Theta = \{\pi^1, \cdots, \pi^k\}$ 是信号发送者利润的类型空间。信号发送者知道自己的利润 π，而信号接收者私募股权投资公司则不知道 π 值，只知道信号发送者属于投资价值 π 的先验概率为 $p=p(\pi)$，$\sum_k p(\pi_k)=1$。为了简化问题，我们假设企业的利润有高低两种可能，$\pi=H$ 或 $\pi=L$，$H>L>0$。由前所述，所需的投资额在第一阶段和第二阶段分别为 v_1 和 v_2，根据前面的计算，其期权价值分别为 F_1 和 F_2。由于第二期投资是否发生，取决于第一期投资的发生和运行效益，因此，我们可以暂且不考虑第二期投资的决策，仅考虑第一期投资的决策问题。由前所述，私募股权投资公司和被投资企业之间的博弈就可以表述为一个在两个博弈方之间的具有不完全信息的动态博弈——信号博弈。博弈过程如下。

（1）自然随机决定风险企业的原有利润 π 的高低；

$$p(\pi=H)=p,\ p(\pi=L)=1-p \tag{4-23}$$

（2）申请投资的企业由于“内部人”的原因，了解 π 值，愿意出 B 比例股权换取投资 v_1；

（3）私募股权投资公司看到 B，但不知道 π 值，只知道 π 是高还是低的概率；

（4）私募股权投资公司根据对信号 B 的判断，做出行动决策 m。私募股权投资公司如拒绝投资，则它的得益为 $m_1=v_1(1+r)$，申请投资的企业的得益为 π；若私募股权投资公司同意投资，则它的得益为 $m_2=B(\pi+\pi^*)$，π^* 为私募股权投资所带来的收益，申请投资的企业的得益为 $(1-B)(\pi+\pi^*)$。私募股权投资公司与申请投资的企业之间的博弈如图 4-1 所示。

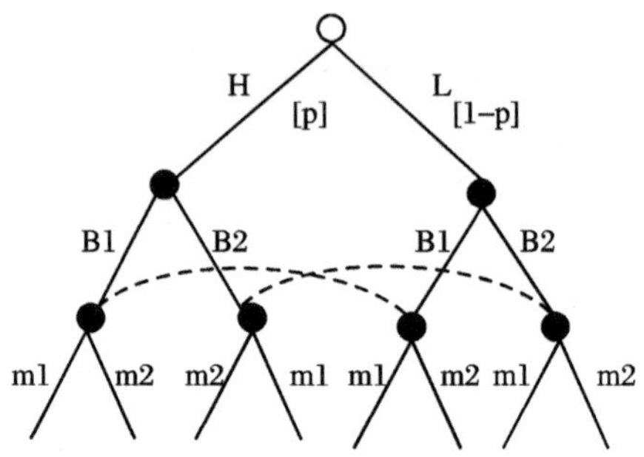

图 4-1 私募股权投资项目决策信号博弈

在这个信号博弈中，申请投资的企业为信号发出方，B 为申请投资的企业发出的信号，且 $0<B<1$，风险投资公司在看到 B 以后，判断 $\pi=H$ 的概率为 q，即 $p(\pi=H)=q$ 则私募股权投资公司只有在 $B[qH+(1-q)L+\pi^*]\geqslant v_1(1+r)$ 时，即 $B\geqslant v_1(1+r)/[qH+(1-q)L+\pi^*]$ 时才会接受 B，对申请投资的企业进行投资。对于申请投资的企业来说，$(1-B)(\pi+\pi^*)\geqslant\pi$ 时，即 $B\leqslant\pi^*/(\pi+\pi^*)$ 时，它才愿意出价 B。

4.4.3 私募股权项目决策风险风险规避的信号博弈的均衡解

对于申请投资的企业来说，若 B 是其均衡策略，则必须满足 $B\leqslant\pi^*/(\pi+\pi^*)$，又因为 $\pi^*/(H+\pi^*)\leqslant\pi^*/(L+\pi^*)$，因此，如果 B 满足 $B\leqslant\pi^*/(H+\pi^*)$ 就一定满足 $B\leqslant\pi^*/(L+\pi^*)$。对于私募股权投资公司来说，只有当 $B\geqslant v_1(1+r)/[qH+(1-q)L+\pi^*]$ 时 B 才能被接受。因此，申请投资的企业出让 B 比例的股权使私募股权投资公司接受，成为合

并完美贝叶斯均衡的条件是：

$$\frac{v_1\ (1+r)}{qH+\ (1-q)\ L+\pi^*}\leqslant B\leqslant\frac{\pi^*}{H+\pi^*}\tag{4-24}$$

当 $q\to1$ 时，因为 $\pi^*\geqslant v_1$ (1+r)，所以式（4-24）自然成立，合并完美贝叶斯均衡存在；当 $q\to0$ 时，只有当 π^*-v_1 (1+r) ≥ [v_1 (1+r) / π^*] H-L 时，合并完美贝叶斯均衡存在。因为 q 是私募股权投资公司判断企业现有利润为高利润的概率，因此上述结论意味着当私募股权投资公司认为企业的盈利能力强时，才会接受较低的股权比例，当私募股权投资公司认为企业的盈利能力差时，会要求较高的股权比例，否则就不可能接受申请投资企业的出价。因此，在这种合并完美贝叶斯均衡中，申请投资的企业由于无法使私募股权投资公司相信其具有较高的盈利能力，而付出较高的股权比例，使 $B\leqslant\pi^*/(\pi+\pi^*)$ 不能成立，从而导致这个合并完美贝叶斯均衡不能实现。这也正是企业申请私募股权投资成功概率较低的重要原因。

4.5 ML 公司投资 LHMY 公司的期权博弈计算实例

ML 公司成立于 1914 年，是全球财富管理和顾问咨询行业的领导者之一，在 37 个国家和地区有超过 700 个分支机构及 15700 名财务顾问，雇员达 60000 人，管理委托资产超过 1.7 万亿美元，为个人及企业提供以一流规划为基础的财务顾问与管理服务。这些服务包括个人理财计划、经纪证券买卖、公司顾问、外汇与商品交易、衍生工具与研究。作为投资银行，ML 公司也是全球顶尖的、跨多种资产类别的股票与衍生性产品的交易商与承销商，同时也担任全球企业、政府、机构和个人的战略顾问。ML 公司是世界上最大、最活跃的私募股权投资公司之一，并拥有国际上最大的私募股权投资公司 HS 公司近一半的股权。2008 年 9 月 14 日，受金融危机的影响，已有 94 年历史的 ML 公司同意以大约 440 亿美元的价格将公司出售给 MG 银行①。

LHMY 公司是 2005 年在 TY 注册的中外合资企业，注册资本金为 1000 万元；主营业务为镁及镁合金生产和镁及镁合金产品与设备的销售、生产工艺及技术管理服务、产品品质控制及检测、进出口业务等。2007 年公司重组，注册资金增至 3 亿元，其中 XH 公司（中国香港）持股 92%，山西 TS 公司持股 8%。截至 2007 年 12 月，LHMY 公司总资产为 2.4 亿元，净资产为 1.5 亿元，销售额 4.5 亿元，净利润 3839 万元，其中母公司净利润为 1100 万元。LHMY 公司有雇员 583 人，其中 89%的是生产人员、3%的是管理人员、3%的是技术人员以及财务后勤人员。LHMY 公司坚持“提升技术、降低成本、扩大规模、联合共赢”的经营思路，将 LHMY 公司打造成为“全球镁及镁合金供应基地；相关镁产品的制造基地；镁工业技术研发和创新的试验基地”。坚定不移地走“环保、节能、创新”的镁工业发展之路，通过资源整合打造节能环保型镁资源供应商；通过新产品开发打造高附加值的镁产业链；通过技术创新和人才培训打造镁工业研发基地。最终实现山西 LHMY 公司由镁及镁产品制造商向制造及技术服务一体化转型。LHMY 公司通过 YC 镁工业基地、YP 镁工业基地、QX 镁工业基地三大生产基地建设，形成年产 18 万吨的原镁、镁合金及镁深加工产品制造的节能环保型产业链。通过 TY 镁工业研究基地进行人才培训和研究中心的技术创新和储备，打造 LHMY 公司的核心竞争力②。

为进一步发展业务，LHMY 公司拟引进股权投资 1.3 亿美元，并向 ML 公司发出投资邀约。LHMY 公司的引资分为两个投资阶段：第一阶段需投资 3000 万美元，期限为三年，项目的风险调整贴现率是 20%。若不能取得投资，则 LHMY 有原始收益。无论 LHMY 公司能否取得投资，ML 公司都无法知道 LHMY 的原始收益。若能取得投资，第一阶段投资效果好的概率为 q，LHMY 公司各年的总收益为 H；第一阶段投资效果不好的概率为 1-q，此时 LHMY 公司各年的总收益为 L。如果第一阶段投资实施的效果较好，ML 公司将在第三年

①资料来源：ML 公司网站。

②资料来源：LHMY 公司网站。

末，对 LHMY 公司进行第二轮投资，投资规模为 1 亿美元，第二阶段投资期为四年，预计第二阶段投资各年产生的收益没有效益好坏之分，为一个均值。ML 公司通过尽职调查，组织投资委员会成员对 LHMY 公司各阶段投资预期收益进行了测算，结果如表 4-2。无风险利率为 10%，资产价值的标准差为 0.3。

表 4-2 ML 公司预计投资后 LHMY 各年度收益表

单位：万美元

投资年限	0	1	2	3	4	5	6	7
原始收益 π		500	600	700	800	900	1000	1100
第一阶段 H	-3000	1000	2000	3000				
第一阶段 L		600	650	750				
第二阶段				-10000	4000	6000	8000	10000

4.5.1 计算二阶段投资期权价值

当 ML 公司预期投资后 LHMY 公司的收益高时，投资的期权计算如下：

$$S_1 = \sum_{t=1}^{T_1} \frac{CF_t}{(1+r)^t} = \sum_{t=1}^{3} \frac{CF_t}{(1+r)^t} = 3958.33$$

$$d_{11} = \frac{[\ln(S_1/v_1) + (r+\sigma^2/2)\ T_1]}{\sigma T_1^{\frac{1}{2}}}$$

$$= \frac{[\ln(3958.33/3000) + (0.1+0.3^2/2) \times 3]}{0.3\times 3^{\frac{1}{2}}} = 1.371$$

$$d_{12} = d_{11} - \sigma T_1^{\frac{1}{2}} = 1.371 - 0.3\times 3^{\frac{1}{2}} = 0.8510$$

查累积正态分布表可得：

$N(d_{11}) = 0.91466$，$N(d_{12}) = 0.8023$

则：

$$F_1 = S_1 N(d_{11}) - v_1 e^{-rT_1} N(d_{12})$$

$$= 3958.33\times 0.91466 - 3000\times 0.7408\times 0.8023 = 1837.498$$

$F_1>0$，所以当ML公司预期投资收益高时，应该进行第一阶段的投资。根据对第二阶段投资的预期可得：

$$S_2=\sum_{t=1}^{T_2}\frac{CF_t}{(1+r)^t}=\sum_{t=1}^{4}\frac{CF_t}{(1+r)^t}=16952.16$$

$$d_{21}=\frac{[\ln(S_2/v_2)+(r+\sigma^2/2)T_2]}{\sigma T_2^{\frac{1}{2}}}$$

$$=\frac{[\ln(16952.16/10000)+(0.1+0.3^2/2)\times 4]}{0.3\times 4^{\frac{1}{2}}}$$

$$=1.846$$

$$d_{22}=d_{21}-\sigma T_2^{\frac{1}{2}}$$

$$=1.846-0.3\times 4^{\frac{1}{2}}=1.246$$

查累积正态分布表可得：

$N(d_{21})=0.9678$，$N(d_{22})=0.8944$

则：

$F_2=S_2N(d_{21})-v_2e^{-rT_2}N(d_{22})=16952.16\times 0.9678-10000\times 0.6707\times 0.8944=10411.14$

$F_2>0$，所以当ML公司预期收益高时，也应该进行第二阶段的投资。

当ML公司预期投资后LHMY公司的收益低时，投资的期权计算如下：

$$S_1=\sum_{t=1}^{T_1}\frac{CF_t}{(1+r)^t}=\sum_{t=1}^{3}\frac{CF_t}{(1+r)^t}=1385.417$$

$$d_{11}=\frac{[\ln(S_1/v_1)+(r+\sigma^2/2)T_1]}{\sigma T_1^{\frac{1}{2}}}=-0.6497$$

$$d_{12}=d_{11}-\sigma T_1^{\frac{1}{2}}=-1.16935$$

查累积正态分布表可得：

$N(d_{11})=0.2578$，$N(d_{12})=0.1314$

所以：

$F_1 = S_1N\ (d_{11})\ -v_1e^{-rT_1}N\ (d_{12})\ = 65.137$

由于 $F_1>0$，所以ML公司在预期收益低时还是应选择进行第一阶段投资。因为在第二阶段不考虑收益高低的情况，若进行第二阶段投资，根据前面计算，其期权价值仍为 $F_2 = S_2N\ (d_{21})\ -v_2e^{-rT_2}N\ (d_{22})\ = 10411.14$。第二阶段的投资期权 $F_2>0$，所以也应该进行第二阶段的投资。由此可见，无论ML公司预期LHMY公司的收益高还是低，都应该选择投资。但是ML公司的收益还与其在LHMY公司所占的股份比例有关，而ML公司又不知道LHMY公司的原始收益，若ML公司在与LHMY公司的投资谈判中未能取得适当的股份比例，则投资可能因收益太低而无法实施。所以ML公司能否投资还取决于其与LHMY的博弈。

4.5.2　计算投资博弈的均衡解

因为ML公司的投资收益不但与LHMY公司的总收益有关，还与其在LHMY公司所占的股份比例有关。而其所占的股份比例取决于其对未来收益高低的判断和与LHMY公司谈判的情况。由于ML公司在进行第一期投资前并不知道LHMY公司的原始收益，根据上一节所讨论的博弈模型，LHMY公司给ML公司支付的股份比例 $B\leqslant\frac{\pi^*}{H+\pi^*}$，计算得 $B\leqslant0.6871$。即LHMY公司支付给ML公司的股份比例不能高于0.6871。由 $\frac{v_1\ (1+r)}{qH+\ (1-q)\ L+\pi^*}\leqslant B$ 可知，在 $B\leqslant0.6871$ 时，ML公司判断投资后收益高的概率 $q\geqslant0.2186$，这就是合并完美的贝叶斯均衡解。ML公司根据对有色金属行业的了解，认为对LHMY公司投资后收益高的概率大于0.2186，这样即便在总收益低的情况下，LHMY公司仍能使ML公司投入资本的总收益增加，所以ML公司于2008年3月31日，投资LHMY公司3000万美元，获逾30%的股份。

根据LHMY公司的盈利预测：2008年LHMY公司将达到产能3.8万吨，产量1万吨，销售收入3亿元，纯利润3000万元；2009年将达到产能10万吨，产量7万吨，销售收入18亿元，纯利润1.8亿元；2010年将达到产能18万吨，产量15万吨，销售收入40亿元，纯利润4亿元。也许不用到2010年年底，ML公司就会提前启动第二轮投资①。

4.6 本章小结

私募股权投资行业在我国是个新兴行业，对我国中小型科技企业的发展、中等规模企业的改制、企业所有权结构的调整甚至产业结构的调整都具有积极的促进作用。由于目前我国金融市场发育还不成熟，私募股权投资的资本退出机制还不完善，私募股权投资在我国仍处于起步阶段。学习与借鉴传统投资决策方法，并将其运用于私募股权投资，可以使我们少走弯路。期权博弈方法为评估投资项目和做出投资决策提供了科学的研究方法。本章运用期权博弈理论的方法和模型，对不确定环境下的二阶段私募股权投资项目决策的相关风险与预期收益进行分析和数学描述，建立了私募股权投资项目决策的期权价值模型。

本章分析了申请投资的企业与私募股权投资公司之间的信息不对称问题。考虑到在信息不对称的情况下，申请投资的企业为了吸引投资，应当向投资者发出质量优良的信号，而投资者对申请投资企业发出的信号做出判断，以决定是否投资。由此，私募股权投资项目的博弈不同于寡头垄断的抢滩博弈和相互竞争的序贯博弈，本书将私募股权投资公司与拟投资企业之间的博弈归结为具有不完全信息的动态博弈——信号博弈，求出了信号博弈的合并完美贝叶斯均衡解。最后，以ML公司投资LHMY公司的实例对本章提出的期权博弈模型进行了演示，求出了投资的期权价值和博弈的均衡解，印证了本章所提出的模型在选择投资项目方面的可行性。

---

①数据来源：ChinaVenture旗下数据库CVSource。

私募股权投资代理风险规避

5.1 私募股权投资的委托代理特征

委托代理关系是现代经济生活中的普遍现象。由于现代企业中所有权与经营权的分离，委托人（所有者）承担全部的风险，而代理人（经营者）负责管理公司，从而形成了代理问题。Müller（2008）指出委托人和代理人是两个不同的利益主体，委托人与代理人之间的目标不一致是必然的。在信息不对称和契约不完备的情况下，代理人有了潜在的追求自身利益而损害委托人利益的机会，因此，信息不对称是代理问题的根源。Arrow & Press（1985）将信息不对称状态分成两类：隐藏信息和隐藏行动。隐藏信息又被称为逆向选择，是指代理人为了自己的利益而隐藏一些信息，例如代理人的能力、生产的成本、产品质量、利润等；隐藏行动又称道德风险，是指委托人无法观察到代理人的行为。由于许多契约都是在信息不对称的条件下签订的，因此，代理理论主要研究信息不对称的情况下，市场参与者如何通过博弈订立最佳交易契约，故又称为“契约理论”（Contract Theory）。

信息不对称的概念被频繁地用于描述私募股权投资者与被投资（收购）企业的企业家和经理人之间的关系上。Duffner（2003）指出代理的主要特征在于代理人利用其与运营更接近并掌握充分信息的有利条件，最大化自己的效用，使得委托人的情况变糟。这种情况被称为机会主义行为，即代理人的行为超越了代理契约、法律或道德标准规定的职责范围，而不能获得代理契约、法律或道德标准的充分认可。Kaplan & Strömberg（2004）指出，代理问题对于私募股权投资者和被投资企业的企业家之间的契约设计非常重要。Neus & Walz (2005) 则强调代理理论有助于理解私募股权投资的退出行为。为了使经营者与私募股权投资公司的利益一致，私募股权投资公司通过持股计划和高比例的基于公司绩效的变动收入来激励经营者。Cumming & Machintosh (2003b) 从风险投资的角度总结了私募股权投资中的代理行为，指出在风险投资中存在三种代理关系，即风险投资者与风险投资公司之间的委托代理关系，风险投资公司与风险企业家之间的双向委托代理关系。

Povaly (2007) 指出代理理论是私募股权投资研究的总框架，在私募股权投资中存在多级委托代理关系。私募股权投资公司代表私募股权投资者经营投资者委托的资产并使其增值，是私募股权投资者的代理人；私募股权投资基金经理代表私募股权投资公司具体操作投资基金的运作，是私募股权投资公司的代理人；被投资企业的企业家行使对企业的管理权，是私募股权投资公司的代理人。私募股权投资中的多重代理关系如图 5-1 所示。

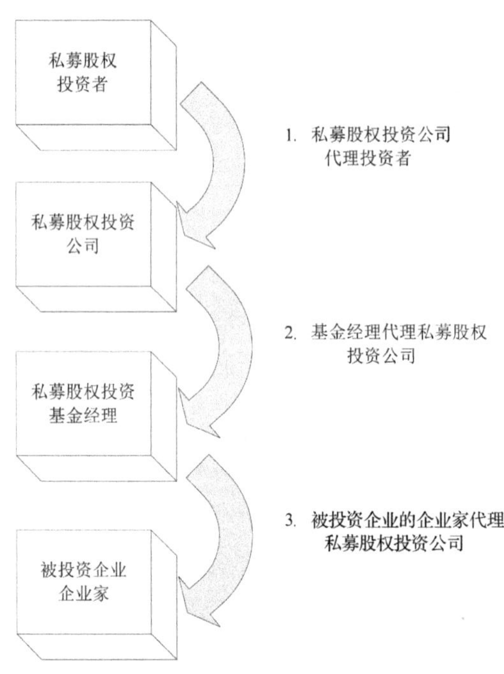

图 5-1 私募股权投资委托代理关系

5.2 代理风险的理论分析

5.2.1 代理风险的类型

Spremann（1990）把私募股权投资代理问题的风险分为三类：道德风险、敲竹杠和逆向选择。Kaplan & Strömberg（2004）则认为私募股权投资公司面临四种代理风险：道德风险、逆向选择、敲竹杠和控制权风险。在投资支付以前，私募股权投资公司所面临的主要是逆向选择风险，而在投资支付以后，私募股权投资公司则要面临因信息隐藏或行动隐藏而出现的道德风险、因企业家或经理人能力卓越和契约缺陷而出现的敲竹杠的风险及因决策意见不一致而产生的控制权风险。

5.2.1.1 道德风险（Moral Hazard）

道德风险是指代理人使用委托人不能观察到的信息（隐藏信息）或采取委托人不能观察到的行动（隐藏行动）增加自己的效用，使委托人的最佳利益受到损害（Müller，2008）。投资者作为委托人，只能观察到企业的最终成就，但不能观察到代理人的全部行为。在私募股权投资以后，由于所有权和经营权的分离，私募股权投资者作为外部投资者不能观察到被投资企业内部管理者所采取的行动（Sanders & Boivie，2004），而且被投资企业的产出主要取决于外部的条件，因此从产出上来推断被投资企业企业家的行动是不可能的。这样一来，被投资企业的企业家或经理人就有可能在运营企业的时候增加外部投资者的成本，以使自己受益。

虽然加强投资后的监控可以缓解道德风险问题，但监控工作需要外部投资者具有相当专业的技术。Barnes & Menzies（2005）指出机构投资者和富裕的个人不具备有效率的成功投资的资源，他们直接投资于私募股权需要增加的资源的成本太高，而私募股权投资公司则具备这种资源。因此，私募股权投资公司作为专业的投资与监控公司，为机构投资者和富裕的个人提供向私人公司投资的专业的投资管理与监控服务（Müller，2008）。

5.2.1.2 敲竹杠（Holdup）

由于代理契约不可能把未来所有的情况都详细地规定在代理契约中，代理人以自己的偏好系统地利用不完全代理契约的缺口或不足就构成了敲竹杠（Povaly, 2007）。当合同签订完毕，规定的投资已经到达被投资企业并成为委托人的沉没成本时，代理人就可能暴露他先前隐藏的动机，利用代理契约中存在的缺口和不足强迫委托人重新谈判（Sprenann，1990；Duffner, 2003）。敲竹杠问题也可能在代理人的能力特别强的情况下出现。当被投资企业的企业家或经理人的能力特别强，并且对企业的发展至关重要时，他们就可能利用其能力优势而对私募股权投资公司进行威胁，以离开企业来要挟私募股权投资公司，从而实现自己的私人利益。Kaplan & Strömberg（2004）指出，为了防止被企业家敲竹杠，私募股权投资公司可以通过保留企业家的股份来减少其敲竹杠的动机。

5.2.1.3 逆向选择（Adverse Selection）

当交易的一方不能确定另一方的质量是好还是坏时，逆向选择就出现了。Akerlof 于 1970 提出美国旧车交易的“柠檬”市场问题时最早提出了逆向选择问题。购买者由于无法了解旧车的真实质量，因而对市场出售旧车的价格判断基于旧车的质量平均的假设之下，这就导致质量好的旧车离开市场，最终市场上剩下的全部都是坏车，从而使整个市场崩溃。“柠檬”市场常被用来表示代理问题。寻找投资的公司具有信息方面的优势，通常被认为是代理人，投资者通常被认为是委托人（Duffner，2003）。

5.2.1.4 控制风险（Control Risk）

Kaplan & Strömberg（2004）提出当私募股权投资支付以后，被投资企业进入正常运营，私募股权投资公司则要对企业进行监控，以确保投资增值并不被滥用。当私募股权投资公司不同意被投资企业管理层的经营决策时，控制风险便会出现，控制理论提供了减少控制风险的思路。Kirilenko（2001）提出控制权是一种私人福利。Dessein（2005）指出，要减少控制风险，就要在签订私募股权投资契约时，对私募股权投资公司和被投资企业的企业家对企业的控制权进行界定，明确在什么情况下私募股权投资公司拥有控制权，在什么情况下被投资企业的企业家拥有控制权。他还研究了在企业家的偏好与风险投资家的偏好一致的情况下，这些偏好怎样影响企业家放弃控制权。

5.2.2 代理风险的控制

Kaplan & Strömberg（2004）通过对67个私募股权投资支持企业的实证分析，把私募股权投资所面临的风险分为内生风险和外生风险。由代理问题而形成的道德风险、敲竹杠、逆向选择和控制风险被称为内生风险；由企业外部的不确定性造成的如市场、技术、新产品开发等方面的风险被称为外生风险。外生风险通过投资契约会有一部分转嫁到被投资企业的企业家身上，由此导致企业家与私募股权投资公司的冲突进而形成代理风险。因此，代理风险是私募股权投资中的重要风险，代理风险的大小直接影响到私募股权投资的契约结构。契约是控制代理风险的重要工具。Bruton、Keels & Scifres（2002）强调管理者的所有权对收购交易绩效起关键作用。他们认为代理风险随着私募股权投资退出的临近而增加。他们讨论了在公开上市退出中，经理人可能会因出售部分股份收益，降低他在公司的所有权比例和在公司的经济利益，使代理风险加剧。依据代理理论，私募股权投资者在部分退出之后应力求全面退出。这一观点被Lin & Smith（1998）的实证研究证实。

Kaplan & Strömberg（2004）提出不确定性和信息的不对称性不只在投资时形成代理问题，而且存在于私募股权投资的全过程中。Cumming & Macintosh（2003a）、Cumming（2004），Kaplan & Strömberg（2004）和Cumming（2005）研究了私募股权投资中的委托代理问题和道德风险问题。

Cumming（2004）的研究指出，私募股权投资处于双边道德风险中。被投资企业的成就取决于私募股权投资者和被投资企业的企业家的共同努力。在这种情况下，当事人不仅包括私募股权投资者和企业家或管理者，还包括未来潜在的购买者。“内部人”的优势会诱惑私募股权投资者尝试在出售股份时采取投机行为。私募股权投资者利用信息优势，向潜在的收购者或股东出售股份时会误传公司的价值。但是有意思的是，根据 Brav & Gompers（1997）的研究，具有私募股权投资背景的企业在股票交易所公开上市后五年内的投资回报高于其他企业。这说明具有私募股权投资背景的企业与其他企业相比，在公开上市时并没有不适宜地标价过高，反而存在抑价情况。Lin & Smith（1998）认为这种情况的形成，是私募股权投资者通过公开的股票市场重复地建立声誉的需要。Neus & Walz（2005）的研究指出抑价是年轻的私募股权投资者建立声誉的工具，已经建立了声誉的私募股权投资者则较少使用抑价方式。Gompers（1996）基于对 400 多个 IPO 发行的研究证明，成立时间较短的风险投资公司为了尽快建立一个成功退出的记录，其退出投资组合公司的时间要早于成立时间较长的风险投资公司。他把这种现象称为“哗众取宠”。他还发现刚成立的风险投资公司常常在投资组合公司 IPO 之前或 IPO 的同时，就开始募集下一个基金。这个发现是重要的，因为它突出了退出与基金募集之间的潜在关系。

Kaplan & Strömberg（2008）认为，使委托人和代理人获得共同的目标激励（Incentive Alignment）是最重要的，委托人的首要任务是建立一个有效的激励机制，使代理人能在一个可信的方式下进行工作，并根据绩效获得报酬。私募股权投资公司通常在股权购买协议（Stock Purchase Agreement）中规定激励和补偿体系，明确分配现金、风险和企业价值创造后的回报方案。通过股权购买协议中的相关激励和补偿条款，私募股权投资公司既分配了风险，又根据企业绩效决定相关人员的回报，给企业高层管理团队带来较强的约束和激励，起到双重激励作用。私募股权投资公司凭借其丰富的经验，通过设计特殊的激励机制，将大部分风险转移到被投资企业身上，从而缓解私募股权投资中的代理问题，并使私募股权投资公司在实际操作中能将监督、激励与风险分担有机地结合在一起。

作为一种规避风险的工具，可转换优先股在私募股权投资中被广泛应用。Dessein（2005）指出，由于企业经营中外生的不确定性风险，以及被投资企业的企业家与私募股权投资公司之间内生的代理风险的存在，为了控制成本和降低风险损失，私募股权投资者采取分阶段投资、联合投资和可转换优先股等投资合约方式来规避风险。Gilson & Schizer（2003）从税收的角度提出，私募股权投资采用可转换优先股的形式在避税上有优势，但他们也指出税收优势不能被用来解释可转换优先股在私募股权投资中的使用，因为其他可转换债券也有这些税收优势。Hellmann（2006）构造了一个私募股权投资公司与被投资企业之间的双边道德风险的博弈模型，并推导出了最优契约结构，证实在最优契约下，以收购方式退出比以IPO方式退出能使私募股权投资公司获得更大的现金流权。这一研究解释了私募股权投资公司偏好以收购方式退出的原因。

代理风险作为私募股权投资中最主要的风险，一直是学者们讨论的热点。代理理论则是私募股权投资问题研究的总的框架性理论。由于代理风险的内生性和不可避免性，我们只能从控制和减轻代理风险的角度来实现对代理风险的部分规避，这就涉及委托人与代理人之间的博弈，及建立在这个博弈之上的投资契约的设计。在对代理风险进行分析的基础上，本章在5.3节和5.4节相继对无能力约束和有能力约束的私募股权投资委托代理的博弈进行了分析，并在5.5节以SZCXT公司投资于LD公司的代理风险博弈分析实例对本章提出的博弈模型进行了演示。

5.3 不考虑委托人和代理人能力及经验约束的代理风险规避博弈分析

5.3.1 引言

在私募股权投资的运作体系中，相关的利益方，例如私募股权投资人、私募股权投资公司、私募股权投资基金经理及被投资企业之间存在多重委托代理关系，理性的个体处在这样的情况下应该怎样做是一个重要的问题。代理理论经常被用来处理这种利益相关关系问题。委托人（如投资者、基金经理或私募股权投资公司）履行委托人的职责时通常被认为对于单一的投资具有风险中性的偏好，因为他们可以通过在多个企业的投资使他们的投资组合多样化（Wiseman & Gomez-Mejia，1998）。与此相反，代理人（如基金经理、私募股权投资公司、被投资企业的企业家）履行代理人的职责时通常被认为是风险厌恶的，因为代理人的职业安全和收入与每一个代理公司紧密地联系在一起（Donaldson，1961；Williamson，1963）。因此从本质上说，代理人被认为属于风险厌恶型，他们为了个人的财富而为公司选择风险较低的决策。因而，代理理论的研究焦点在于成本最小化与代理关系的冲突。

代理理论根植于功利主义经济学（Ross，1973）。狭义的代理理论侧重于委托代理关系的研究，通过设置一系列的假设，对在委托代理关系下理性个体的做法提供逻辑预测，而且代理关系是在单一的委托人和代理人的情况下构思的。这是代理理论对社会科学方法论的一个重要贡献（Donaldson，1990）。对于代理理论的争论在于经济现象是否应该从“个体的行为是一种深思熟虑的行动”这个角度来观察，因为只有部分个体的行为对其经济生命而言被认为是最优化的。在这种假设下，代理问题变得更加明显——委托人和代理人是否都能最大化其效用？因为在委托人利益最大的时候，代理人将不行动（Jensen & Meckling，1976）。

White（1985）详细地论述了关于委托代理关系的研究，认为雇员与雇主的关系、股东与经理人的关系和债权人与股东的关系三种代理关系吸引了学者持续研究的兴趣。在最近几年，代理理论也被用于所有权结构、会计的激励问题、外国援助、股东与投保人、行政赔偿、组织形式和企业形式的改革、公司治理（Beyer & Hassel，2002），供应链内部组织模式的改变、盈利和非盈利委员会、联盟领导人的行为分析、国家政策执行、非多数机构、选民与立法者、高级行政管理人员的管理、军民关系、政治与科学之间的组织边界、公共管理和行政管理等多种研究领域的分析。Wright et al（2001）运用行为理论重新测试了代理理论的假设。Breton（1995）详细分析了代理理论与公共选择理论的共同特征，提出了将代理理论与公共选择理论整合在一起可以产生一个通用的官僚组织理论的假说。总之，在许多非常不同的研究领域，代理理论已经成为一种鼓舞人心的综合的理论观点。

本节在对私募股权投资公司与被投资企业的企业家之间的代理问题进行描述的基础上，从代理人隐藏行动的角度分析私募股权投资公司与被投资企业的企业家之间的委托代理关系，建立了一个行为隐藏的道德风险分析模型来分析委托人（私募股权投资公司）和代理人（被投资企业的企业家）之间的关系。

5.3.2 问题描述

在私募股权投资的委托代理链中，私募股权投资公司居于中心位置。它们既是委托人，同时又是代理人。它们一方面被投资者监督和约束，另一方面也监督和约束所投资企业。被投资企业是整个私募股权投资过程的关键点，因为整个私募股权投资链的利润来自被投资企业。因此，对被投资企业的企业家的激励与约束是私募股权投资成功的关键。

在私募股权投资公司和被投资企业的企业家之间存在着信息不对称问题。信息的不对称包括两个方面：投资协议签订前的信息不对称和投资协议签订后的信息不对称。在投资协议签订前，被投资企业对自身的能力、项目的价值和产品功能的先进性等方面比私募股权投资公司有更清楚的认识，这可能会导致两种情况出现：一方面，给不诚实的企业家利用信息优势骗取投资提供了潜在机会；另一方面，当私募股权投资公司无法确定备选投资企业的质量时，私募股权投资公司往往要对备选投资企业的信息进行甄别和鉴定，增加了信息鉴别成本，同时也增加了整个投资的成本。这些情况可能刺激企业家向私募股权投资公司传递虚假信息，从而导致逆向选择，使质量高的企业和项目无法得到投资，转而寻找其他融资渠道。

在签订投资协议后，被投资企业由企业家来管理，而企业家以最大化他们自己的效用为目标，这与私募股权投资公司资本增长最大化的目标不一致。目标的冲突导致了行为和利益上的冲突。事实上，由于企业家的日常工作行为很难观察与监测，导致监督执行的成本过大。所有这些问题都需要设计一个机制来解决，这就给了代理理论提供了一个解决问题的机会。

5.3.3 委托代理模型

本书提出的模型主要参考了 Holmstrom & Milgrom（1987）所提出的模型。在私募股权投资公司与被投资企业的企业家之间的委托代理关系中，基金经理人代表私募股权投资公司行使投资及监管权力，是委托人；被投资企业的企业家（管理团队）代表被投资企业股东行使管理权，是代理人。考虑到信息不对称导致被投资企业的企业家的努力程度不能够被观察与监测，委托代理的博弈模型包括以下三个部分：①目标函数，模型的目标函数是使委托人（私募股权投资公司）的效用最大化。②参与约束，即个体理性约束，简写为 IR。表现代理人期望从代理合同中获得的最小效用不小于代理人签订代理合同所获得的最大效用。③激励相容约束，简写为 IC。代表代理人期望的最大效用。为了便于讨论，我们把信用风险、道德风险和系统风险全部包括在总的风险中。

5.3.3.1 模型假设

假设一：被投资企业的企业家的努力水平是一个连续的变量。为了简化问题，我们假设它是一维变量 n，并且 $n\in[-U, U]$，U 是被投资企业的企业家的效用。

假设二：私募股权投资公司是风险中性的；被投资企业的企业家是风险厌恶的。他们都是理性的。

假设三：企业家的努力成本能被表示为资金成本并且是变量 n 的函数。为了简化问题，我们假设企业家努力的成本 $C(n)=\frac{mn^2}{2}$，其中 m 是成本的系数，且 $m>0$。

假设四：设产出函数是 $\pi=n+\theta$，n 是一维努力变量，θ 是代表外生不确定因素的随机变量。且 θ 是均值为 0，方差为 σ^2，服从正态分布的随机变量。

5.3.3.2 符号及其含义

π：企业的产出函数，即企业的总收益，$\pi=n+\theta$。

n：被投资企业的企业家的努力程度，$n\in[0, 1]$。

θ：环境对企业产出的不确定性影响，$\theta\sim N(0, \sigma^2)$。

s（π）：代理合同规定的被投资企业的企业家收入，$s(\pi)=\alpha+\beta\pi$。其中，α 是不受企业总收益影响的固定收入部分，β 是依据代理合同规定，企业家参与企业总收入的分配比例。

C：被投资企业的企业家的努力成本，$C=\frac{1}{2}mn^2$，m 为企业家努力的成本系数。

U：被投资企业的企业家的效用函数，$U=-e^{-\rho\omega}$。

V：私募股权投资公司的效用函数。

ρ：被投资企业的企业家的风险规避系数。

ω：被投资企业的企业家的实际收入。

ϖ：被投资企业的企业家的保留收入。

5.3.3.3 模型框架

本书从三个方面来扩充和简化 Holmstrom & Milgrom（1987）所提出的模型。

第一，目标函数。由假设四可知，我们假设产出函数是 π，且 $\pi=n+\theta$，$E(\pi)=E(n+\theta)=n$，$var(\pi)=\sigma^2$。若 S 表示被投资企业的企业家的收入，而且 s 是 π 的函数，那么 $S(\pi)=a+\beta\pi$。其中 α 是与产出函数 π 无关的固定收入，β 是企业家分享产出的比例。$\beta=0$ 表示企业家不分担风险；$\beta=1$ 表示企业家承担全部风险。因此，私募股权投资公司的期望效用为产出函数（全部收益）减去企业家的收入。用公式可以表示为：

$$Ev=E(\pi-a-\beta\pi)=-a+E(1-\beta)\pi=-a+(1-\beta)n \qquad (5-1)$$

第二，参与约束。由假设二我们可知 $U=-e^{-\rho\omega}$，ρ 是风险厌恶量的绝对值，ω 是真实的收入。如果 F 是固定成本，那么企业家的确定性等价收入为：

$$CEI=E\omega-\frac{1}{2}\rho\beta^2\sigma^2=a+\beta n-\frac{1}{2}\rho\beta^2\sigma^2-\frac{m}{2}n^2-F \tag{5-2}$$

其中，$E\omega$ 是企业家的期望收入，$\frac{1}{2}\rho\beta^2\sigma^2$ 是风险成本。当 $\beta=0$ 时，风险成本等于0。企业家期望效用的最大值是 $EU=-Ee^{-\rho\omega}$，它等于确定性等价收入的最大值。以 ϖ 表示企业家的保留收入量，如果 $CEI<\varpi$，企业家将不接受协议。因此，企业家的参与约束可以表示为：

$$a+\beta n-\frac{1}{2}\rho\beta^2\sigma^2-\frac{m}{2}n^2-F\geqslant\varpi \tag{5-3}$$

第三，由于企业家的努力程度不能被观察，企业家会选择使自己效用最大化的行为，因此，激励相容约束为确定性等价收入最优时的努力水平，即 $n=\frac{\beta}{m}$。

私募股权投资公司与被投资企业的企业家之间的委托代理博弈模型可以表示为：

$$\underset{\beta}{Max}Ev=-a+(1-b)n \tag{5-4}$$

$$s.t.\begin{cases}a+\beta n-\frac{1}{2}\rho\beta^2\sigma^2-\frac{m}{2}n^2-F\geqslant\varpi & (IR)\\ n=\frac{\beta}{m} & (IC)\end{cases} \tag{5-5}$$

5.3.3.4 模型分析

由于企业家的努力程度不能被观察，在这种信息不对称的情况下，产生两种类型的代理成本：风险成本和激励成本。风险成本表示为 $\frac{1}{2}\rho\beta^2\sigma^2$。将被投资企业的参与约束IR和激励约束IC代入目标函数，那么目标函数就可以表示为：

$$\underset{\beta}{Max}\frac{\beta}{m}-\frac{1}{2}\rho\beta^2\sigma^2-\frac{\beta^2}{2m}-F-\varpi \tag{5-6}$$

对式（5-6）求一阶导数，得到：

$$\beta=\frac{1}{(1+m\rho\sigma^2)}>0 \tag{5-7}$$

这意味着企业家必须承担部分风险。由式（5-7）可知，β 是关于 ρ、σ^2 和 m 的减函数，$\frac{\partial\beta}{\partial\rho}<0$，$\frac{\partial^2\beta}{\partial\sigma^2}<0$，$\frac{\partial\beta}{\partial m}<0$，β 随着 ρ、$\sigma^2$ 和 m 的增大而减小，风险成本 $\frac{1}{2}\rho\beta^2\sigma^2$ 随着 ρ、σ^2 和 m 的增长而增长。由于 $n=\frac{\beta}{m}$，最优风险分担比例要求较小的 β 。风险成本 $\Delta RC=\frac{1}{2}\beta^2\rho\sigma^2=\frac{\rho\sigma^2}{2(1+m\rho\sigma^2)}>0$。

激励成本等于期望产品的净损失扣除节约的努力成本，包括两个部分：期望产品净损失 $\Delta E\pi$ 和节约的努力成本 ΔC。由于努力程度不能被观察，私募股权投资公司能诱导企业家选择最优努力 σ^2，期望净损失是：

$$\Delta E\pi=\Delta n=\frac{1}{m}-\frac{1}{m(1+m\rho\sigma^2)}=\frac{\rho\sigma^2}{1+m\rho\sigma^2}>0 \tag{5-8}$$

节约的努力成本：

$$\Delta C=\frac{1}{2m}-\frac{1}{2m(1+m\rho\sigma^2)}=\frac{2\rho\sigma^2+m(\rho\sigma^2)^2}{2m(1+m\rho\sigma^2)^2} \tag{5-9}$$

因此，激励成本是：

$$\Delta E\pi-\Delta C=\frac{m(\rho\sigma^2)^2}{(1+m\rho\sigma^2)^2}>0 \tag{5-10}$$

总成本是：

$$AC=\Delta RC+(\Delta E\pi-\Delta C)=\frac{\rho\sigma^2}{2(1+m\rho\sigma^2)}>0 \tag{5-11}$$

这意味着代理成本不随 ρ 和 σ^2 的增长而增加。

由于 $\beta=\frac{1}{(1+m\rho\sigma^2)}>0$，较大的 ρ 和 σ^2 使得被投资企业的激励变小，代理成本就变大。强化监督能提高企业家的努力程度，但需要投入较大的监督成本，成本问题往往会让投资者放松对企业家的监督。

5.3.5 结论

由于被投资企业的企业家与私募股权投资公司之间存在信息不对称问题，企业家的行动不能被观察，这就导致产生了道德风险。从本书的分析中我们可以得出四个结论：①在信息不对称的情况下，企业家的努力程度小于在完全信息情况下的努力程度。②由于 β 是关于 ρ、σ^2 和 m 的减函数，企业家越保守，他们承担的风险也越小，相应地分配收益的比例也越小。从最优风险分担的角度来分析，企业家不能承担全部风险。③在信息不对称的情况下，私募股权投资公司无法观察企业家的努力程度，企业家承担风险的增加将提高其努力程度。较低的努力水平将导致较大的代理成本（包括激励成本和风险成本），而这在完全信息情况下是不存在的。④所有企业家的努力信息都是有价值的，它们可以帮助私募股权投资公司减少代理成本。私募股权投资公司选择监督的强度取决于监督的成本和相关的利润。

5.4 委托人和代理人能力及经验有限的代理问题风险规避博弈分析

上一节讨论了被投资企业的企业家不受经验和能力约束（暗含假定企业家的能力无限大），只有努力水平决定企业产出，并且不考虑委托人对代理人进行监控的成本的情况下，委托人如何通过代理合同来规避代理风险。但通常的情况是企业家的经验和能力是有限的，企业的产出不仅受到企业家努力水平的影响，而且受到企业家经验和能力的约束，也就是说，企业的产出水平不可能随努力水平的增加而 1∶1 地增加，努力水平提高后产出的增加量还受到经验和能力的约束。私募股权投资公司基金经理的精力也是有限的，一个基金经理要负责 3~7 个投资组合公司，不可能对每一个投资组合公司进行百分之百的监控，而且受基金经理能力与经验的限制，监控力度的加强与收获的增加也不可能 1∶1 地增加。随着监控力度的加大，监控成本上升，当监控成本大于监控实现的收益时，监控将毫无意义。考虑到这些情况，本节在上一节模型讨论的基础上，增加了对代理人（企业家）和委托人（私募股权投资公司基金经理）能力约束及监控成本的考虑，讨论在具有能力和经验限制并考虑成本的情况下，私募股权投资公司对代理风险的规避问题。

5.4.1 模型假设

假设一：企业家的努力水平是一个连续的一维变量 n_1，并且 $n_1 \in [-U, U]$，U 是被投资企业的企业家的效用。

假设二：私募股权投资公司是风险中性的；被投资企业的企业家是风险厌恶的。他们都是理性的。

假设三：被投资企业的企业家的努力成本能被表示为资金成本并且是变量 n_1 的函数。为了简化问题，假设企业家的努力成本 $C(n_1) = \frac{b_1 {n_1}^2}{2}$。其中 b_1 是努力成本的系数，且 $b_1>0$。

假设四：设产出函数是 π，它取决于企业家的能力与努力程度、私募股权投资基金经理的能力与监控程度以及外生的不确定性因素三个方面。即 $\pi = A_1 n_1 + A_2 n_2 + \theta$，$\theta$ 是代表外生不确定因素的随机变量，且 $\theta \sim N(0, \sigma^2)$。

假设五：企业家的努力与偷懒的程度正好互补。

假设六：私募股权投资公司基金经理对投资组合公司的监控是有效的，基金经理能够通过监控发现企业家的偷懒行为，并对其进行处罚。

假设七：监控可以增加私募股权投资公司的收益。这个收益包括两个部分：对企业家偷懒进行惩罚的收益和监控使产出增加的收益。

假设八：监控是有成本的。监控的成本与发现企业家偷懒行为的概率相关。

假设九：发现企业家偷懒行为的概率与私募股权投资基金经理对企业家监控的努力程度相关。

5.4.2 模型框架

5.4.2.1 符号及其含义

π：企业的产出函数，即企业的总收益，$\pi=A_1n_1+A_2n_2+\theta$。

A_1：被投资企业的企业家的能力经验系数。

n_1：被投资企业的企业家的努力程度，$n_1\in[0, 1]$。

A_2：私募股权投资基金经理的能力经验系数。

n_2：私募股权投资基金经理的监控努力程度，$n_2\in[0, 1]$。

θ：环境对企业产出的不确定性影响，$\theta\sim N(0, \sigma^2)$。

n_1：被投资企业的企业家的偷懒程度，与其努力程度互补，$n_1=1-n_1$。

R：被投资企业的企业家偷懒的收益系数。

Rn_1：被投资企业的企业家偷懒的收益值，$Rn_1=R(1-n_1)$。

P：私募股权投资基金经理发现企业家偷懒行为的概率，是基金经理监控程度的函数，即 $P=P(n_2)$，且 $P(0)=0$，$P(1)=1$。

D：被投资企业的企业家偷懒的惩罚系数。

Dn_1：被投资企业的企业家偷懒的惩罚值，$Dn_1=D(1-n_1)$。

DP：在发现概率 P 下的惩罚系数。

B：私募股权投资公司的监控收益系数，与监控程度相关。

Bn_2：私募股权投资公司的监控收益值。

$s(\pi)$：代理合同规定的被投资企业的企业家收入，$s(\pi)=\alpha+\beta\pi$。其中，α 是不受企业总收益影响的固定收入部分；β 是依据代理合同规定，企业家参与企业总收入的分配比例。

C_1：被投资企业的企业家的努力成本。$C_1=\frac{1}{2}b_1n_1^2$，b_1 为企业家努力的成本系数。

C_2：私募股权投资基金经理监控成本，是基金经理监控程度和发现概率的函数，$C_2=\frac{1}{2}b_2n_2^2P^2$。

U：被投资企业的企业家的效用函数，$U=-e^{-\rho\omega}$。

V：私募股权投资基金的效用函数。

ρ：被投资企业的企业家的风险规避系数。

ω：被投资企业的企业家的实际收入。

ϖ：被投资企业的企业家的保留收入。

F：企业的固定成本。

5.4.2.2 模型框架

考虑在被投资企业的企业家和基金经理能力及经验有限的前提下，本节对5.3节所提出的私募股权投资公司与被投资企业的企业家之间的博弈模型进行补充，增加了对被投资企业的企业家和私募股权投资基金经理的能力及偷懒和监控成本与收益的分析。企业家的能力和经验与企业的产出相关，在相同的努力程度下，不同能力和经验的企业家的产出水平是不同的。因此，我们赋予被投资企业的企业家一个能力经验系数 A_1，反映企业家的经验和能力给单位努力所带来的产出的增加量。企业家因偷懒而给自己带来收益的系数 R，反映企业家单位偷懒的收益。为了防止企业家偷懒，基金经理发现企业家偷懒会进行惩罚，以 D 为惩罚系数，反映偷懒被发现后，单位偷懒被私募股权投资公司惩罚的值。由于监控也体现了基金经理的经验、能力和努力程度，用 A_2 代表基金经理的经验和能力系数，基金经理对企业家监控的实际成效为 A_2n_2。监控是需要成本的，它与基金经理的监控程度和发现概率相关，设 P 为发现概率，则监控成本 $C_2=\frac{1}{2}b_2n_2^2P^2$。当偷懒被发现后，私募股权投资公司除了取得惩罚性收入外，还可以取得直接的产出收益 Bn_2，作为对其监控的激励。综合考虑以上环节，私募股权投资公司与被投资企业的企业家之间的委托代理博弈模型分为三个部分。

第一，目标函数。由假设四可知，我们假设产出函数是 π，它取决于企业家的经验能力与努力程度、私募股权投资基金经理的经验能力与监控程度以及外生的不确定性因素三个方面。即 $\pi=A_1n_1+A_2n_2+\theta$，θ 代表外生不确定因素的随机变量，$\theta \sim N(0, \sigma^2)$。$S(\pi)$ 表示被投资企业的企业家的收入，$S(\pi)=a+\beta\pi$。其中，α 是与产出函数 π 无关的固定收入，β 是企业家分享产出的比例。$\beta=0$ 表示企业家不分担风险；$\beta=1$ 表示企业家承担全部风险。目标函数为私募股权投资公司的期望效用最大化。由于私募股权投资公司是风险中性的，私募股权投资公司的期望效用就等于期望收入。期望收入为产出函数（企业的全部收益）减去企业家的收入加上对企业家偷懒的惩罚性收入和监控的直接收益，再减去监控成本和企业固定成本。用公式可以表示为：

$$EV=E\left[\pi-s(\pi)+Dn_1P+Bn_2-C_2-F\right] \tag{5-12}$$

其中，企业家的收入 $S(\pi)=a+\beta\pi=\alpha+\beta(A_1n_1+A_2n_2+\theta)$，对企业家偷懒的惩罚收入 $Dn_1P=D(1-n_1)P$。将它们代入式（5-12），得到私募股权投资公司规避风险的目标函数为：

$$\max_{\alpha,\beta,n_1} Ev=-\alpha+(1-\beta)(A_1n_1+A_2n_2)+Bn_2+D(1-n_1)P-\frac{1}{2}b_2n_2^2P^2-F \tag{5-13}$$

第二，参与约束。被投资企业的企业家的实际收入为 $\omega=s(\pi)-C_{1+}Rn_1-Dn_1P$。由于企业家是风险厌恶的，其期望收益等于其确定性等价收入，即：

$$\begin{aligned}EU&=E\omega-\frac{1}{2}\rho\beta^2\sigma^2\\&=\alpha+\beta(A_1n_1+A_2n_2)-\frac{1}{2}b_1n_1^2+R(1-n_1)-D(1-n_1)\\&\quad P-\frac{1}{2}\rho\beta^2\sigma^2\end{aligned} \tag{5-14}$$

当被投资企业的企业家的确定性收入小于其保留收入时，企业家将不签订代理合同。因此企业家的参与约束为：

$$\alpha+\beta(A_1n_1+A_2n_2)-\frac{1}{2}b_1n_1^2+R(1-n_1)-D(1-n_1)$$

$$P-\frac{1}{2}\rho\beta^2\sigma^2 \geqslant \varpi \tag{5-15}$$

第三，激励相容约束。只有当企业家的收入最优时，他们才能与私募股权投资公司签订代理合同，因而，企业家的激励相容约束就是企业家最大化其收入时的努力水平。对企业家的确定性等价收入求一阶偏导，并令其等于0，得到企业家的激励相容约束为：

$$n_1=\frac{A_1\beta-R+DP}{b_1} \tag{5-16}$$

由此，私募股权投资公司与被投资企业的企业家之间的代理问题的博弈就可以表示为以下优化问题：

$$\max_{\alpha,\beta,n_1} Ev=-\alpha+(1-\beta)(A_1n_1+A_2n_2)+Bn_2+D(1-n_1)$$

$$P-\frac{1}{2}b_2n_2^2P^2-F \tag{5-17}$$

$$\text{s.t.}\begin{cases}\alpha+\beta(A_1n_1+A_2n_2)-\frac{1}{2}b_1n_1^2+R(1-n_1)-D(1-n_1)\\ P-\frac{1}{2}\rho\beta^2\sigma^2\geqslant\varpi & \text{(IR)}\\ n_1=\frac{A_1\beta-R+DP}{b_1} & \text{(IC)}\end{cases}$$

$$(5\text{-}18)$$

5.4.3 模型分析

在私募股权投资公司与被投资企业的企业家之间的博弈中，企业家可能会出现三种情况：完全偷懒、部分偷懒、完全努力。若企业家完全偷懒，仅依靠运气实现企业收益，此时优化模型变为：

$$\max_{\alpha,\beta,n_1} Ev=-\alpha+(1-\beta)(A_1n_1+A_2n_2)+Bn_2+D(1-n_1)$$

$$P-\frac{1}{2}b_2n_2^2P^2-F \tag{5-19}$$

$$\text{s.t.}\begin{cases}\alpha+\beta\left(A_1n_1+A_2n_2\right)-\frac{1}{2}b_1n_1^2+R\left(1-n_1\right)-D\left(1-n_1\right)\\ P-\frac{1}{2}\rho\beta^2\sigma^2\geqslant\varpi & (\text{IR})\\ n_1=0 & (\text{IC})\end{cases}$$

(5-20)

将参与约束与激励相容约束代入目标函数求偏导，得到 $\beta=0$。所以私募股权投资公司此时的最优风险规避策略为只付给企业家合同中所规定的固定收入 α，不支付企业家额外的随产出变化的部分。为了避免企业家偷懒，私募股权投资公司在签订代理合同时，可将 α 设置得尽量低，诱使企业家付出努力取得好的收益。

若企业家部分偷懒，优化博弈模型仍为：

$$\max_{\alpha,\beta,n_1} Ev=-\alpha+\left(1-\beta\right)\left(A_1n_1+A_2n_2\right)+Bn_2+D\left(1-n_1\right)$$

$$P-\frac{1}{2}b_2n_2^2P^2-F \tag{5-21}$$

$$\text{s.t.}\begin{cases}\alpha+\beta\left(A_1n_1+A_2n_2\right)-\frac{1}{2}b_1n_1^2+R\left(1-n_1\right)-D\left(1-n_1\right)\\ P-\frac{1}{2}\rho\beta^2\sigma^2\geqslant\varpi & (\text{IR})\\ n_1=\dfrac{A_1\beta-R+DP}{b_1} & (\text{IC})\end{cases}$$

(5-22)

将参与约束与激励相容约束代入目标函数，解得：

$$\beta=\frac{A_1^2-A_1DP}{A_1^2+b_1\rho\sigma^2},\ P=\frac{A_1D-A_1\beta D}{b_1b_2n_2^2+D^2} \tag{5-23}$$

在发现概率 P 下的最优单位综合偷懒惩罚值为：

$$PD=\frac{D^2\ (A_1-A_1\beta)}{b_1b_2n_2^2+D^2} \tag{5-24}$$

可知：

$$\frac{\partial\ PD}{\partial\ \beta}=-\frac{A_1D^2}{b_1b_2n_2^2+D^2}<0 \tag{5-25}$$

对企业家偷懒的综合惩罚系数值是企业家的激励强度的递减函数，它们之间可以相互替代。为了减少企业家偷懒，私募股权投资公司可以在两个方面诱使企业家付出努力，取得想要的效益：一是提高惩罚力度，二是提高分配比例。私募股权投资公司根据自己的资源情况综合调整惩罚力度和分配比例来提高企业家努力程度。

若企业家完全努力，优化的博弈模型为：

$$\max_{\alpha,\beta,n_1} Ev=-\alpha+\ (1-\beta)\ (A_1n_1+A_2n_2)\ +Bn_2+D\ (1-n_1)$$

$$P-\frac{1}{2}b_2n_2^2P^2-F \tag{5-26}$$

$$s.t.\begin{cases}\alpha+\beta\ (A_1n_1+A_2n_2)\ -\frac{1}{2}b_1n_1^2+R\ (1-n_1)\ -D\ (1-n_1) \\ P-\frac{1}{2}\rho\beta^2\sigma^2\geqslant\varpi & (IR) \\ \\ n_1=1 & (IC)\end{cases}$$

(5-27)

此优化问题无解。由于信息不对称问题的存在，企业家完全不偷懒或投机的情况在现实中也不存在。因此，大量的情况是企业家依据私募股权投资公司掌握信息的程度和代理合同的漏洞，选择部分偷懒，以最大化自己的效用。

5.4.5 代理风险规避分析

由于企业家完全偷懒的情况也比较少见①，完全努力的情况又不符合实际，因此，私募股权投资公司与企业家之间的代理问题的博弈，焦点在于在企业家部分努力的情况下，如何通过代理合同对激励机制的设计，提高企业家的努力程度，进而提高投资的整体回报。在被投资企业的企业家部分努力的情况下，可以从以下几个方面分析对代理风险的规避问题。

由 $\beta=\frac{A_1^2-A_1DP}{A_1^2+b_1\rho\sigma^2}$ 可知 $\frac{\partial\ \beta}{\partial\ b_1}<0$，表明企业家的收益分配比例 β 是企业家努力成本系数的减函数，提高企业家的收益分配比例，可使企业家的努力成本系数减小，从而降低努力的成本，有助于促进企业家努力程度的提高。私募股权投资公司为了规避被投资企业的企业家偷懒的风险，应适当考虑提高企业家的收益分配比例。

$\frac{\partial\ \beta}{\partial\ \rho}<0$ 和 $\frac{\partial\ \beta}{\partial\ \sigma^2}<0$ 表明企业家收益分配比例是 ρ 和 σ^2 的减函数。对于给定的分配比例，ρ 和 σ^2 越大，表明企业家的风险规避程度越高，产出 π 的波动性越大，风险成本越高。从最优风险分担的角度来分析，要求更低的风险分担比例，就要使 β 更小，即对企业家的激励强度更低。

$\frac{\partial\ PD}{\partial\ b_1}<0$ 表明私募股权投资公司监控的强度 PD 是被投资企业的企业家努力成本系数 b_1 的减函数，企业家的努力成本越大，同样的努力给企业家带来的负效用就越大，因此企业家就越不愿努力，私募股权投资公司此时付出较低的监督成本也有可能发现企业家的投机偷懒行为，因此最优综合监控强度降低。

$\frac{\partial\ PD}{\partial\ b_2}<0$ 表明私募股权投资公司的监控力度是其监控成本的减函数。

---

①除非私募股权投资公司与企业家之间的代理合同存在十分严重和明显的漏洞，让企业家有机可乘，而在专业的私募股权投资公司中发生这种情况的概率是非常小的，可以忽略不计。

私募股权投资公司监控的成本越大，其监控的积极性就越低，监控的强度就越低。

$\frac{\partial EV}{\partial \rho}<0$ 表明私募股权投资公司的收入是被投资企业的企业家的风险厌恶程度的递减函数，企业家的风险厌恶程度越低，就越愿意在生产经营中承担风险，从而取得更多经营收益，也使私募股权投资公司的收益越大。企业家的风险厌恶程度越高，就越不愿承担风险，私募股权投资公司的期望收益也就越低。因此，私募股权投资公司规避代理风险，应选择风险厌恶程度较低的企业家。

$\frac{\partial EV}{\partial \sigma^2}<0$ 表明私募股权投资公司的期望收益是外界影响因素的递减函数。外界因素对投资企业的影响越大，越不稳定，私募股权投资公司会的期望收益就越低。为了规避这个风险，私募股权投资公司会选择受环境因素影响较小的企业投资，以获得较大收益。

5.5 SZCXT 公司投资 LD 公司的代理风险分析实例

5.5.1 SZCXT 公司的背景介绍①

SZCXT 集团是以资本为主要联结纽带的母子公司为主体的大型投资企业集团，于 2002 年 10 月正式成立。集团核心企业——SZCXT 公司的前身为 SZ 市政府于 1999 年 8 月 26 日发起设立的 SZ 创新科技投资有限公司。SZCXT 公司以诚笃、务实、创新、以人为本为核心价值观，营造中小企业成长环境，打造科技产业化机制，促进资本与科技产业相结合，已成为具有国际影响力的创业投资集团。SZCXT 公司力求实现股东价值最大化、为员工提供前景广阔的职业发展空间、探索具有中国特色的创业投资事业发展之路、为中国创业投资发展环境的改善做出贡献。成立十多年来，

①资料来源：SZCXT 公司网站。

SZCXT 公司平均年投资回报率为 36%。具备多年的科技行业、投资银行、创业投资等工作经验；拥有信息技术、生物医药、新材料、光机电、新能源、新材料等方面的专业投资小组；是全国第一家创业投资博士后工作站；拥有在创业投资领域有着丰富经验的外籍高管。公司投资经理均为硕士以上学历，其中有 40%是博士和双硕士，30%的人具有海外（美国、欧洲、日本、澳洲、新加坡）留学与工作的经历。SZCXT 公司具有 2~11 年创业投资项目管理经验和平均超过 12 年的行业工作经验。

SZCXT 公司主要经营创业投资和与创业投资相关的衍生业务。SZCXT 公司以投资成长型企业为主，合理搭配投资组合，力争风险最小化和收益最大化。主要投资策略为：加强与外资创投的合作，提高资源互补性和增值服务的能力；建立引导基金网络，提升搜寻项目和联合投资的能力；内部进行专业化分工，提高项目识别、投资管理和服务的能力；早、中、晚三个阶段齐头并进，寻找有快速成长潜能的项目；不仅关注制造业、高科技行业，还关注服务业、物流业等具有创新特质的领域；提高投资后的服务能力以及整合资源和运作资本的能力；打造投资产业链和价值链，降低服务成本，提高服务效率。

SZCXT 公司目前管理三个中外合作基金，委托资金 2.7 亿美元和 5 亿日元。其中 ZX 基金为中国第一个中外合资的基金，首期 2000 万美元，二期 5000 万美元；ZY 基金总规模 2 亿美元，首期 3000 万美元募集完毕；受托管理 3 个合作基金的资金额超过 3 亿元；管理中国台湾、中国香港、澳大利亚等基金合人民币 1 亿多元；管理 8 个区域的合作基金，总额超过 4 亿元；管理苏州、武汉、郑州、淄博、重庆、西安、北京等多个地区的地方性政府引导基金 17 个。

SZCXT 公司以创业投资业务为支柱，以创业投资相关增值服务业务为延伸，走基金与基金管理的发展之路，力求推动 SZ 市乃至全国高新技术产业的发展，成为国内资本规模最大、投资能力最强、最具竞争力的内资创业投资公司“领头羊”，并向具有国际竞争力的创业投资集团和国际知名投资机构方向发展。

5.5.2 LD 公司背景介绍[①]

LD 公司以“创品牌、兴产业、富百姓”为经营理念，坚持以科技为支撑，以引进和自主研发相结合的发展思路，全面提高花卉种植的示范带动能力和规模化加工销售能力，通过整合农户土地和劳动力资源在花卉产业链上的分工与合作，推进“滇中万亩出口玫瑰基地”建设，把 LD 建成了年出口销售额上亿元的玫瑰切花加工出口型龙头企业，走出了一条带领花农增收致富的产业化合作道路。LD 公司承担建设“YN 出口花卉产业化示范工程”，被国家计划委员会授予“国家高技术产业化示范工程”荣誉称号。LD 公司依托“ITC 中以培训中心项目”，对以色列、荷兰、日本、法国等国外新技术进行消化创新。主持了“YN 主要外销花卉月季创品牌综合技术集成研究与应用”项目，完成了《半基质精准水肥技术规范》《采收加工包装技术规范》《病虫综合防治技术规范》等研究成果。LD 公司是 ISO9001：2000 质量管理体系贯标企业。LD 玫瑰在昆明国际花卉拍卖中心连续三年保持质量第一、拍卖平均价第一、成交率第一、成交金额第一的最好成绩，在日本、中国香港、澳大利亚市场上芬芳吐艳，被授予“YN 名牌”称号。选育出的 10 个玫瑰切花新品种“艾丽”“米雅”“雅苏娜”“雅美”“云熙”“艾佛莉”“美琪”“安琪拉”“丽娜”“瓦蒂”被国家林业局授予植物新品种。

LD 公司聚焦于“二个基地，三个中心”产业化服务平台建设，完善切花出口示范培训基地和种苗繁育基地，保证网络农户发展所需优质种苗供给和现场学习；加强新技术研发中心工作，与 YN 省农业科学院合作开展土壤、植物营养及病虫害研究，提升企业竞争力；扩建加工营销中心，统一销售品牌；统一技术推广服务，为农户花卉生产架起通向国际大市场的桥梁，使全县 2000 多亩花卉的种植者受益。公司创新的半基质栽培技术还辐射到 YX、KM 花卉主产区的多家玫瑰生产企业和农户，使“滇中万亩

①资料来源：LD 公司网站。

出口玫瑰基地”建设顺利推进。

LD公司充分发挥技术和组织优势，推行“公司+基地+农户”产业化经营。通过五项措施提高花农增收支撑力，实现了产业发展和花农增收的良性互动，取得了较好的经济效益和社会效益。这些措施包括：及时向花农推广新科技成果，加强技术培训和现场指导，确保切花的品质，实现优质高产、低耗高效的目标；向农户提供优质低价种苗，节约投资成本；向花农推荐种植国际市场畅销的新品种，带领花农抢占国外高端市场；对农户切花统一加工包装和运输，以规模降低加工成本；统一以“LD”品牌销售花农产品，以品牌优势获取更大附加值。

2003年，LD获得“推进农业产业化经营，促进农村经济发展”表彰。2004年6月，LD公司被YN省政府评定为“全省花卉工作先进单位”；2005年6月，被YN省花卉产业联合会评定为“花卉行业重点企业”；2005年，被YN省人民政府评定为“农业产业化经营省级重点龙头企业”，被农业部评定为“全国农产品加工业示范企业”和“农产品加工企业技术创新机构”；2007年，“LD”商标被认定为YN省著名商标；2008年，LD公司自主研发的“中国红”月季以绝对优势当选为奥运颁奖用花主花材，LD公司的高品质花卉已经打开国门走向世界。

5.5.3 SZCXT公司与LD公司的股权投资比例博弈分析

由于规模发展的需要，LD公司与SZCXT公司达成了股权投资协议，以换取资金，扩大商业规模，追求更大的利润。由于LD公司及其企业家的经营努力不能被观察，SZCXT公司运用本书提出的委托代理模型来激励企业家。相关的数据如下：企业家的保留收入为0.1亿元；企业固定的成本F是1亿元；LD公司及其企业家的绝对风险厌恶值$\rho=0.5$；随机变量θ服从标准正态分布，因此，$\sigma^2=1$；企业家努力变量n_1的成本系数为b_1，且$0<b_1<1$。当$b_1=0.1$，$b_2=0.1$，且$A_1=0.7$，$A_2=0.6$，$B=0.8$，$D=0.5$，$P=0.5$，$R=0.5$，$n_2=0.9$时，将参与约束IR和激励约束IC代入目标函数，则目标函数可表达为：

$$\underset{\beta}{\mathrm{Max}}E(v)=3.15\beta-2.7\beta^{2}-0.2518 \tag{5-28}$$

式（5-28）可用图形表示，如图 5-2 所示。

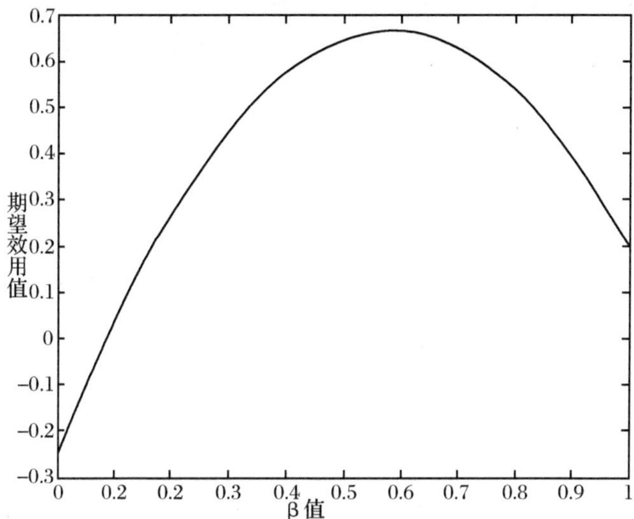

图 5-2　SZCXT 公司投资 LD 公司的博弈目标函数图

从图 5-2 可知，SZCXT 公司的最大期望效用值在 $\beta=0.58$ 和 $E(v)=0.662$ 处，即 SZCXT 公司的分配比例为 42%时。$b_1=0.2$ 时，SZCXT 公司的最大期望效用 $E(v)=-0.745$，相应的 $\beta=0.5303$。这就意味着在 $\rho=0.5$ 的水平下，如果 LD 公司及其企业家的成本系数 $b_1\geq 0.2$，SZCXT 公司的期望效用 $E(v)<0$，那么 SZCXT 公司与 LD 公司之间的投资合同就无法签订。

由于 LD 公司及其企业家的努力成本 $b_1=0.1$，SZCXT 公司与 LD 公司取得了均衡解。2008 年 1 月，SZCXT 公司投资 LD 公司 2200 万元，获得 LD 公司 45%的股权，并委派投资经理代表 SZCXT 公司担任 LD 公司副董事长。

5.6　本章小结

代理问题是私募股权投资全过程中的重要风险。在私募股权投资中，由于经营权与所有权的分离而存在着多重委托代理关系。私募股权投资公司作为资本的运营者，是私募股权投资者的代理人；私募股权投资基金经理作为投资的运营代表，是私募股权投资公司的代理人；被投资企业的企业家或经理人作为企业经营者，是私募股权投资公司及其他股东的代理人。多重委托代理关系交织在一起，使得私募股权投资的委托代理问题尤为突出。

为了减轻代理的风险，学者们从契约的设计、激励和补偿条款的设计等方面做了大量的理论分析和实证研究。本章在分析代理风险的基础上，对私募股权投资公司与被投资企业的企业家之间的代理问题进行了博弈分析。在不考虑企业家和私募股权投资公司基金经理能力约束的情况下，由于信息不对称，企业家的努力程度小于在完全信息情况下的努力程度，且企业家越保守，他们承担的风险也越小。增加企业家承担的风险将提高其努力程度。较低的努力水平将导致代理成本（包括激励成本和风险成本）的产生，而这在完全信息情况下是不存在的。所有关于企业家努力程度的信息都是有价值的，它们可以帮助私募股权投资公司减少委托代理成本。私募股权投资公司选择监督的强度取决于监督的成本和相关的利润。

在考虑企业家和私募股权投资基金经理能力与经验限制的前提下，企业家的努力不能完全转化为产出，而私募股权投资基金经理的监控努力也不能完全转化为有效的监控，这时候部分偷懒的情况比较常见。在这种情况下，提高企业家的收益分配比例，可以使企业家努力的成本下降，进而刺激企业家努力；当企业家的收益分配比例一定时，企业家风险厌恶的程度越高，相同的收益分配比例对企业家的激励强度越低；企业家努力的成本越高，企业家就越不愿努力，私募股权投资公司就应以较低的成本对其进行监控；反之，则需要较高的监控成本。私募股权投资公司的收益是企业家风险厌恶程度的减函数，企业家的风险厌恶程度越低，私募股权投资公司的收益就越高。私募股权投资的收益还受外界因素的影响，外界因素波动性越大，私募股权投资的收益越低。

基于多目标最优的私募股权退出风险规避

6.1 引言

“不要在我购买的时候恭喜我，在我出售的时候恭喜我。”这是私募股权投资公司 KKR① 的创始人之一 Henry Kravis 的一句被广泛引用的至理名言。私募股权投资多以封闭式基金的方式进行，有一个有限的持有期，之后则需要及时退出，以获取收益。集中投资于设立期和早期企业的风险投资基金通常有7~10年的持有期，而收购基金的持有期一般为3~5年（Xu，2004）。

6.1.1 退出的重要性

由于私募股权投资具有非流动性特征，退出是基金实现收益的要求，在私募股权投资中扮演了一个不可或缺的角色。退出的至关紧要的特征强调了这样一个事实：成功的退出是支撑私募股权投资行业持续运转的重要动力。Cumming & Machintosh（2003b）的研究发现，退出选择的可预见性是私募股权投资基金决定是否进行首轮投资的一个重要因素。退出交易对卷入私募股权投资的各方来说都是一个至关紧要的阶段（Sinha、Gonzales & Aase，2005）。私募股权投资公司不仅需要及时地拿回投资本金和利润，还需要通过退出确立它们的声誉，使它们能从现有的和新的有限合伙人中募集到下一个基金（Lerner & Har-

①KKP（Kohlberg Kravis Roberts & Co. L. P）是老牌的杠杆收购大王，金融史上最成功的产生投资机构之一，也是全球历史最悠久、经验最丰富的私募股权投资机构之一。

dymon，2002）；而私募股权投资的有限合伙人则需要通过退出实现他们委托给私募股权投资基金的资本收益，并收回本金；对于投资组合公司来说，退出也是极其重要的，因为退出标志着一个新阶段的开始。在这个新的阶段，公司要么依靠公开市场筹集资金，要么被新的战略投资者或金融投资者管理，抑或被一个大公司收购，成为一个大公司的业务单元①。

6.1.2 退出的过程

已有学术文献对私募股权投资退出的各方面进行了详细的研究，但退出的实际过程本身则未得到应有的重视。Lerner & Hardymon（2002）基于对一个案例的研究，描述了退出的过程；Cumming & Machintosh（2003b）分析了多种退出选择和要求；Lieber（2004）侧重于退出前的投资组合管理研究；Sinha、Gonzales & Aase（2005）研究了 IPO 和其他退出选择。Povaly（2007）通过对研究文献的回顾和对从业者及相关专家的调查，分析了各种类型的私募股权投资的退出过程，并对它们进行归纳和提炼，把私募股权投资的退出过程分为 10 个步骤（如图 6-1 所示），形成了研究私募股权投资退出过程的总框架。

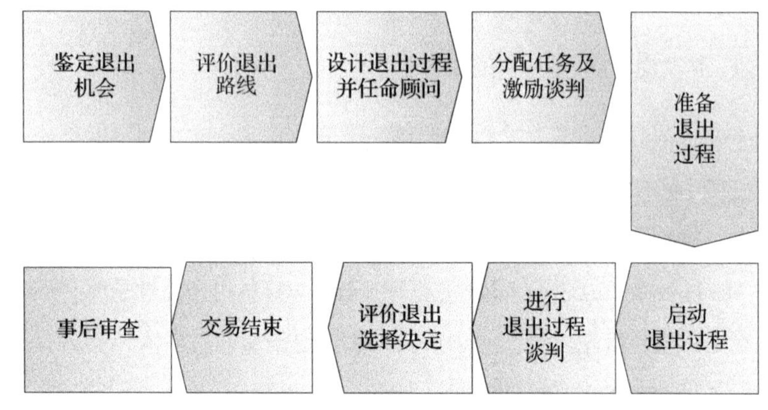

图 6-1 私募股权投资退出过程

资料来源：Povaly（2007）。

①Koller & Schneider（2002）分析了退出的必要性，认为风险投资退出的较大企业通常是收购基金的一个重要的收购目标。

Povaly（2007）提出的退出过程的10个步骤依次是：鉴定退出机会、评价退出路线、设计退出过程并任命顾问、分配任务及激励谈判、准备退出过程、启动退出过程、进行退出过程谈判、评价退出选择与决定、交易结束、事后审查。鉴定退出机会是退出过程的起点。Lieber（2004）为私募股权投资公司的退出提出了一个“提前行动”的框架，他认为退出策略的形成应尽可能早，甚至要早于投资。他强调，定期对投资组合进行结构化的评议是鉴定退出机会所必需的。定期召开针对投资组合公司的评议会议，不但要对投资组合公司的设立和发展情况进行报告，还要对每一个投资组合公司的退出环境进行报告。退出过程的第二步则是在第一步对退出机会做出鉴定的基础上进行深入分析。在这一阶段，私募股权投资公司可能邀请专业顾问或投资银行参与评价①。退出过程的第三步是委派顾问和设计退出过程。通常由私募股权投资基金经理和被投资企业的高级管理层②任命退出的法律顾问、税务顾问、商业发行顾问，并且通常有一个或多个投资银行会参与到日常的退出过程中，对退出选择和退出的全过程提供支持。退出过程的第四步是指派角色和任务，开展激励谈判。在这一阶段，需要大量的人力参与到退出过程中，私募股权投资公司要与投资组合公司的管理层就退出计划进行广泛沟通，以详细分配相关人员的任务。高管的报酬和激励问题在私募股权投资委托协议中已设计好，但为了确保成功退出，使高管的利益与私募股权投资退出的利益一致，高管的报酬和激励问题在这个阶段可能还要重新讨论，甚至增加一些以前的协议中没有的激励。第五步是退出过程启动前的准备。在开始一个正式的退出过程前，需要准备大量的相关资料，例如制作市场材料、法律文书、养老金和环保文件、历年财务报告等文件以及迎接潜在购买者的实地拜访。由于公司的规模和活动范围不同，这一阶段可能要持续几周甚至半年。第六步是启动退出过程。经过前期的准备和对潜在购买者或全体投资者的分析，正式的或非正式的退出过程被启动。在这一阶

①Rosa、Lee & Skott et al.（2004）分析了收购顾问市场的竞争情况，指出随着收购顾问市场竞争的日益加剧，收购顾问们为了取得委托合同而提供越来越多的服务，甚至在取得委托合同前就开始提供服务。

②从保密的角度出发，私募股权投资基金经理通常只与企业的CEO或CFO对退出问题做有限的沟通，因为后者是私募股权投资退出的工具。

段，保密性是最重要的，所有潜在的购买者在接受相关的公司信息文件包之前，都要签订一份“不披露”法律协议，以确保他们不将拟出售公司的信息透露出去。在多路线退出中，最后邀请的退出路线的投标人，往往不是最初通知的投标人，因而保密性协议尤为重要。第七步进行退出过程谈判。在退出过程启动后，通常要向投标人和他们的顾问提供更多的额外信息，而且他们还将被批准自由选择访问管理团队的成员。第八步是评价退出选择与报价。在收到有兴趣的投标人的报价后，私募股权投资公司及其顾问必须评估可能的退出路线和报价，投标人也可能受到质疑，并会被要求重新报价。第九步交易结束。经过几个回合的详细谈判，出售和购买协议签订完毕，退出交易完成，公司法律上的所有者改变。第十步是事后审查。为了积累退出交易的经验，事后审查退出的全过程被从业者所推荐。Lieber（2004）强调，私募股权投资基金经理所积累的杠杆交易经验对今后的退出过程设计是有价值的，因为私募股权投资退出过程的设计与个人经验积累有关，所以，即使是没有参与该项投资的基金经理也应该参与事后审查步骤。

综上所述，私募股权投资的退出环节是私募股权投资价值实现的关键环节。由于退出的情况决定了私募股权投资的最终收益，大量文献对私募股权投资退出的相关方面进行了研究。不同的退出路径和退出环节有不同的风险，要规避这些风险就必须对影响退出选择和退出绩效的因素进行全面分析，以确定风险最小、收益最大的退出路径。基于此考虑，本章的第二节讨论了私募股权投资退出的种种风险因素；第三节提出了规避退出风险的模型，并求出了最优风险规避方案；第四节以 LX 投资从 KDXF 公司退出路径选择的实例，演示了第三节提出的模型；第五节对全章进行总结。

6.2 私募股权投资的退出风险

6.2.1 退出过程中的风险

退出是实现私募股权投资收益最重要的环节，退出风险存在于退出过程中的各阶段，另外，很可能由于投资方在投资组合公司的选择和管理过程中没有充分考虑并提前对各种风险进行规避，导致运作成功的企业无法成功退出。基于这一考虑，Povaly（2007）提出从私募股权投资开始，就要考虑退出安排，在管理投资组合公司使其增值的过程中，开始制订并修改详细的退出计划，还要着重考虑以下影响退出的因素：退出的程度和类型、退出的时间选择战略、确定的执行时间表、参与退出的人力资源数量、执行成本和宣传①。

6.2.1.1 退出的程度和类型

不同的退出程度和类型对私募股权投资带来的风险也不同。Povaly（2007）考虑到当私募股权投资失败时，由于存在投资组合公司的账面价值降低（Write-down）或销账（Write-off）的情况，私募股权投资的退出程度可以分为以下四种不同的水平：账面价值降低或销账、资产重组②、部分退出、全部退出。如图6-2所示。

私募股权投资者在退出时首先要考虑的是立即把全部股权出售还是先出售一部分，其余的等到以后的阶段再出售，即全部退出和部分退出。通常交易中出售和回购这两种退出方式适用于全部退出，IPO只能提供部分退出。要决定到底是全部出售还是部分出售私募股权投资基金持有的股份，关键要考虑基金的需要、继续持有的机会成本等方面。全部退出可以使私募股权投资者立即取得收益，因而被大多数投资者所喜爱。但由于交易出售或回购的购买者的选择范围要小得多，通过交易出售或回购的方式

①在合资企业的收购中，收购合同中可能明确规定了一些限制退出的方式，如出售给长期的竞争者。另外，被收购的合资企业中的其他股东也可能在收购协议内保留其在某种情况下购买私募股权投资股份的权利。这些限制性条款限制了私募股权投资退出的选择。

②由于资产重组从企业外部的渠道筹集资金并支付利息，不改变企业的所有权结构，Meek（2005）指出重组不能作为一种退出形式，但一方面，重组可以使企业取得现金流，以等待随后的购买者；另一方面，重组也可以确立私募股权投资公司在资本市场的名声。那些专门为杠杆收购出借资金的借款人，乐于对有较好融资声誉的私募股权投资公司提供资金，并经常从对能力卓越的私募股权投资管理团队的借款中得到好处。特别是被投资公司可能被另一个金融投资者收购时，收购者就会接受债务，并且在尽职调查方面投入较少的精力。因此，Lerner & Hardymon（2002）和Kushner（2004）指出即使能不把资产重组作为一个退出方式，至少可以把它作为一种临时的退出选择。

退出还可能存在抑价风险。Cumming & Macintosh（2003a）指出部分退出能够向潜在的购买者释放一个投资质量信号。在高度信息不对称的情况下，一方面，保留部分股份能够作为一个投资质量优良的信号，让购买者决定购买；另一方面，保留一部分股份可以使私募股权投资公司得到未来升值的收益。所以，私募股权投资公司愿意在 IPO 时与投资银行签订一个“锁定”协议，承诺在 6~12 个月的“锁定期”内不出售自己的股票（Gompers & Lerner，1998b）。

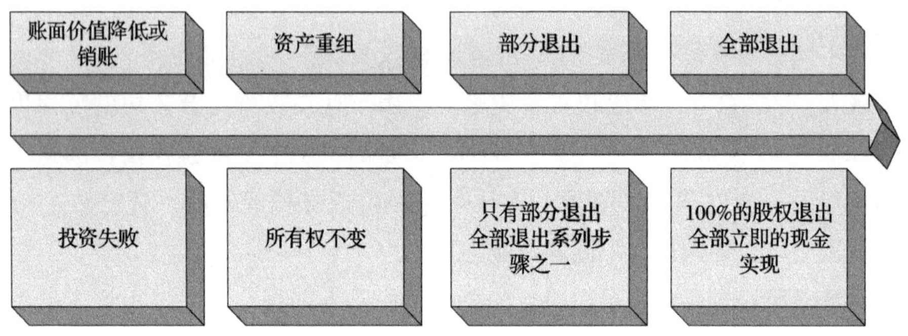

图 6-2 私募股权投资退出程度

私募股权投资退出的方式主要有 IPO、交易出售、二次收购、回购、清算五种。不同的退出方式有不同的风险，从退出的收益上来看，IPO 被认为是最好的退出方式，可以使退出者取得较好的收益和声誉。但 Leschke（2003）研究指出，在所有的退出路线中，公开上市是成本最高的退出路线。另外，由于“锁定期”的存在，企业不能立即取得全部收益，且可能会面临“锁定期”结束后股价下跌而使收益缩水的风险。如前所述，交易出售、回购这两种退出方式存在由于购买者选择不足而造成的抑价情况。二次收购是一种阶段性的策略，不能作为真正的退出。而清算则是在投资失败时采用的一种不得已退出方式（Povaly，2007）。

6.2.1.2 退出的时间选择战略

退出的时间选择战略是私募股权投资退出的基本影响因素。退出的时间选择不当，会给退出带来风险，甚至影响退出的实施。所以，无论是从有限合伙人的角度来看还是从投资目的来看，退出时间选择都是一个很重要的影响退出的因素。Xu（2004）指出，大部分私募股权投资的期限在3~5年（指收购型私募股权投资基金），一些投机性投资者甚至在1年后就出售所投资的公司。私募股权投资基金对退出时间的决定会直接影响到现在或潜在的股东对该项投资的看法。Cumming & Macintosh（2001、2003b）和Neus & Walz（2004）的研究指出，投资持有期可以证明投资的质量。Cumming & Macintosh（2001、2003b）通过实证研究得出结论：长期的所有权持有，作为私募股权投资者的一种声誉保证，可以潜在地降低信息不对称的风险①。大部分被投资公司不愿意被纯粹的金融投机者在很短的时间内再次出售，因此，即使购买后的短期内存在好的退出时机，收购决策能否得到被收购公司其他股东、管理层及员工的认可与支持也存在很大的风险。

Gompers & Lerner（1998a、2004）指出基金的循环周期对退出的时间决策起重要的作用。在基金生命周期的最后几年，为了避免基金生命周期延长影响后续基金的募集，投资者特别要注意把握退出的机会。在这一阶段若不能抓住稍纵即逝的退出机会，会使退出变得更加困难，并降低退出收益。虽然如此，许多公司仍选择较长期的持有，在基金生命周期末退出。

6.2.1.3 人力资源的能力、执行的确定、执行的时间安排及执行的成本

退出过程中的执行情况对退出的顺利进行有较大的影响。因此，在退出过程启动之前，首先要对退出的安排与执行问题进行分工与评估，以尽可能地减少退出执行过程中的风险。Lenoir（2003）指出大量关键性的退出准备工作需要投资组合公司的高级行政管理人员来完成，公司的日常经营管理也需要他们负责，这使得参与退出环节的当事人在进行退出准备时工作量非常大。由于退出过程无法中断，企业的商业运营就受到了暂时的影响。因此，在评估企业的行政管理层、退出的核心团队成员和私募股权投资专业人员的能力的基础上，分配相关人员担负的责任是启动退出过程的

①部分退出也具有这种声誉保证作用。

极其重要的工作。

Povaly（2007）通过实证研究证明，退出执行的确定和风险通常是私募股权投资退出非常重要的风险因素。他同时也指出，在设计一个退出过程计划时，可以遵循一些程序以减少执行风险。但是这些程序的执行通常与高的执行成本、长期的时间安排和参与人员较重的工作负担相联系。为了在退出拍卖过程中获得较高的价格，私募股权投资者通常不只与一个或几个投标人进行退出谈判，而是越来越多地寻求多路线退出，以加剧退出过程中的动态竞争，减少退出执行的风险。但多渠道的退出加大了退出工作团队的工作量，增加了退出的风险。因此聘请外部顾问参与退出过程，以提高退出效率是退出的必然选择。Lenoir（2003）指出使用投资银行来帮助退出，虽然大大缩短了退出的时间，但也大大增加了成本负担。

6.2.1.4 宣传方面

宣传也是影响退出顺利进行的一个主要风险因素。Lerner & Hardymon（2002）和 Leschke（2003）指出，虽然一些准备公开上市的投资者对其投资企业进行高调的宣传以建立声誉和提高知名度，但另一些私募股权投资公司却在有意地避免此类宣传。交易出售或其他退出方式与 IPO 退出相比，吸引公众注意力的时间要短得多。Povaly（2007）的研究指出，当投资者针对家族拥有的企业投资时，往往不公开宣传。此外，私募股权投资有限合伙人的性质、类别也是影响公开宣传的主要因素，例如富裕的个人和家庭不喜欢公开与某些公司的相关关系。一些不愿意被公众知道的潜在购买者一旦被媒体披露，他们很可能会取消已达成的交易，给退出带来巨大风险。

6.2.2 退出中雇用顾问的风险

投资银行和专业顾问能促进退出的顺利进行，减轻行政管理人员和私募股权投资经理的压力，因而他们的参与显著地加快了退出的进程（Lenoir，2003）。退出中雇用的顾问主要包括融资顾问、法律顾问、会计师和审计师、商业顾问和战略顾问以及其他专门顾问。雇用的顾问加快了退出的速度，减轻了管理层的工作负担，但同时也增加了退出的成本，且可能出现代理问题。Angwin（2001）研究了会计师和商业顾问对收购交易中的执行及尽职调查过程的支持作用，发现不同国家的文化导致顾问的角色和责任分配不同。

6.2.2.1 投资银行——公司的融资顾问

在退出过程中，公司的融资顾问是一个关键的角色。Silva、Rose & Lee et al.（2004）指出，在多数大的复杂交易中，作为融资顾问的投资银行扮演了一个至关紧要的角色。Rau（2000）、Hunter & Jagtiant（2003）和Silva、Rose & Lee et al.（2004）通过对退出过程中交易顾问的作用、报酬和绩效的实证研究，证明投资银行在改变公司所有权结构的交易中扮演着重要角色。投资银行的参与提高了成功完成退出交易的可能性。Hunter & Jagtiant（2003）还发现，与顾问联系得越紧密，退出交易完成得越好，退出过程所花费的时间越少。他们还发现计划外发生的交易费能显著加快退出交易的完成。由于94%的顾问收入来自退出交易的成功（Mclaughlin，1990），虽然承认顾问对完成退出交易的积极作用，但Rau（2000）、Hunter & Jagtiant（2003）和Silva、Rose & Lee et al.（2004）也提出作为融资顾问的投资银行与客户之间存在潜在的利益冲突，投资银行可能为了自己的利益而诱导客户进行他们不喜欢的交易。

投资银行除了为要退出的私募股权投资者提供退出服务外，还要为有兴趣的潜在购买者提供“一揽子”的融资包服务。Von Werder & Paul（2005）指出，为了确保自己在退出过程中的利益以及提供高的估价，投资银行对潜在的、有兴趣的购买者提供全面的结构性融资包服务。这种结构性融资包在行业内被称为“吻合融资”（Stapled Financing），喻指几个投标人的出价能紧扣投资银行提供的价格。一个金融投资者在投资银行结构性融资包的支持下，可以在较短的时间内（从接到出售信息到首次报价的最后期限之间）“一揽子”地解决购买资金问题，省去了与许多放债人进行谈判的麻烦，并受益于这些有吸引力的融资条款和条件。投资银行当然非常乐于提供这样的融资服务，因为它潜在地增加了投资银行的收入：投资银行既可以从卖方那里得到顾问费用，又可以从买主那里得到融资费用。但是在这样的情况下，投资银行既要对卖方提供服务，又要对买方提供服务，双边代理的风险就不可避免。

6.2.2.2 法律顾问

在多数大型的退出程序中，国际律师事务所被聘请为法律顾问。法律顾问要在出售交易的法律结构、法律和制度技术分析方面提供顾问服务，完成大量的必需的法律文件，对卖方的售卖协议提供法律支持，对潜在购买者、承诺购买者或 IPO 的安排提供关键性的法律支持（Povaly，2007）。律师还经常与潜在的有兴趣的购买者谈判，在他们获得公司实质性资料之前与其签订保密协议，而且还常常与投资银行一起设置数据室（Coffey、Garrow & Holbeche，2002）。为了协助有兴趣的投标人快速高效地完成尽职调查，法律顾问通常被卖方指定准备投资组合公司的尽职报告中与法律和诉讼事务相关的内容。法律顾问不但要提供广泛的法律事务服务，还要提供当地法律环境的专门知识，因为任何一个大型退出交易都会涉及一个以上的司法管辖地。如果雇用的法律顾问不了解当地的法律环境，会给退出带来法律上的风险。与投资银行的酬劳支付不同，律师事务所的报酬通常是按人/小时来计算支付的，与退出的完成与否无关，这也为退出增加了成本风险。

6.2.2.3 会计师和审计师

融资陈述和审计表格是退出程序的基本需求。Angwin（2001）的研究发现，会计师的工作在英国和美国的退出交易尽职调查过程中居于主导地位；而法律、战略和技术方面在欧洲的退出交易尽职调查过程中占较大的权重。会计师和审计师准备公司的历史财务陈述，并经常要制作详细的尽职报告①，客观描述公司历史的和当前的财务绩效状况。Povaly（2007）指出，在许多案例中，私募股权投资公司往往雇用那些已经为出售的公司提供过审计报告的事务所，

①这个报告通常被称为“卖方的尽职报告”，它包括公司财务的所有方面的陈述，对公司过去 3~5 年的财务情况提供重要的细节，并对未来 1~2 年的财务状况进行展望。

以充分地利用他们对公司的了解，确保为退出程序提交有效率的报告。在退出的执行阶段，会计师和审计师通常要与潜在的购买者会面，讲解他们出具的关于待售公司的尽职报告的细节问题。会计师与审计师在退出过程中所提供服务的报酬，通常主要取决于交易的完成情况。但与报酬无关的固定费用比例要高于投资银行的固定回报比例。会计师和审计师与私募股权投资公司之间存在典型的委托代理关系，他们之间潜在地存在代理风险。

6.2.2.4 商业和战略顾问

一个公司的商业计划是对其进行评价的基本依据。为了巩固和完善公司的中期至长期（3~10 年）财务预测，商业顾问经常被邀请审查公司管理的关键计划。基于对管理计划的审核，顾问能帮助公司高管提炼公司的战略。与富有经验的顾问一起开会，可以为公司提供一种向预期买主介绍公司的训练和准备。为了减轻公司管理层必须解释商业计划的压力，商业顾问通常被委派发布商业报告和市场报告，详细说明影响公司财务业绩的主要驱动因素。此外，顾问通常把他们对出售企业的上涨和下跌情况的设想放在其管理的商业计划中，以指导投标者理解他们的预测。与法律顾问相似，商业顾问的工作报酬通常是按人/小时来计算支付，提前商定固定费用的情况并不常见。商业和战略顾问需要对本行业有相当透彻的了解，并对行业的发展有前瞻性的预见。但由于存在信息不对称的问题，私募股权投资公司与商业和战略顾问之间会出现逆向选择的风险。

6.2.2.5 专门顾问

针对不同的商业问题，私募股权投资公司可能会聘请专门顾问来处理公司及其运营的各个重要方面的事务。Whaley & Semler（2002）指出这些顾问主要包括对潜在购买者提供环境评估的环境顾问；对机器或生产过程提供评估的技术顾问；对资产进行测定的顾问；对公司保险覆盖面的适当性进行评估的保险经纪人；对公司计算机系统的软件和硬件进行评估的信息技术顾问；对公司的员工收益、退休金计划或裁员计划的执行进行评估的人力资源顾问等。这些顾问的报酬取决于委托的任务和与公司的谈判情况。与其他顾问相比，其费用要小得多，而且处于一个下降的趋势

(Lerner & Hardymon, 2002)。这些专门顾问与卖方之间的关系属于典型的委托代理关系，存在道德风险和逆向选择的风险。

6.2.3 规避退出风险的评价指标

要规避退出过程中的种种风险就要对各种风险因素进行评价，以实现退出的收益最大，风险最小。因此，退出的收益与风险是衡量退出效益的重要指标，也是评价退出的目标函数。不同的退出风险给相同的退出收益带来不同的效用，风险越大，效用越低。综合考虑退出的收益及其承载的风险，本书以风险加权的收益作为衡量退出绩效的总目标，分别以收益与风险两个子目标对退出进行评价，并以风险目标作为权重，对收益目标进行评价，得到风险加权的收益目标值。结合前人的研究结果，本书采用退出收入、退出成本、支付方式、环境、退出相关人员的态度、退出市场容量 6 个一级指标及交易成本等 18 个二级指标作为评价指标。退出评价的指标体系如图 6-3 所示，退出评价的指标及其解释见表 6-1。

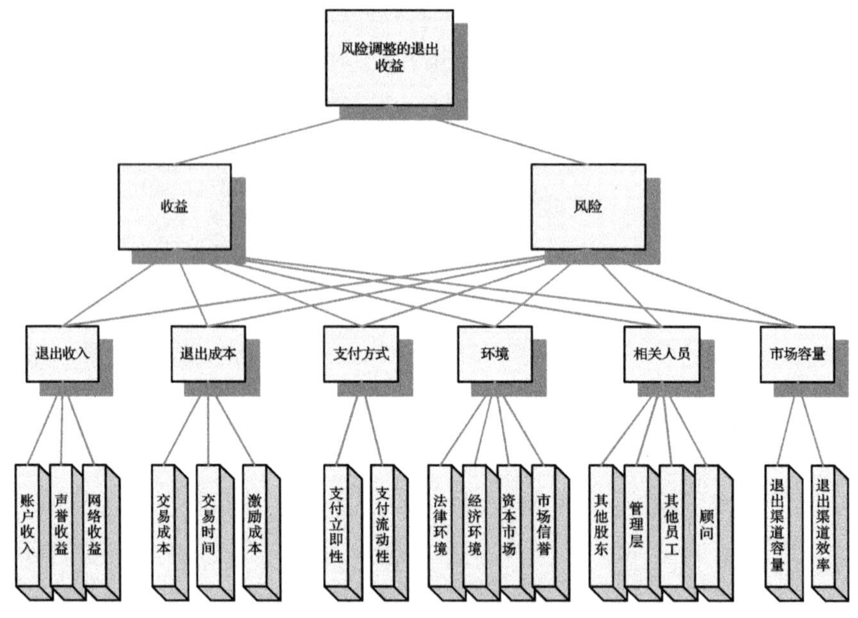

图 6-3 私募股权投资退出评价体系

表 6-1 私募股权投资退出评价指标及其解释

一级指标	二级指标	评分解释
退出收入	账户收入	退出所获得的账户收入
	声誉收益	退出对声誉的影响
	网络收益	退出所获得的人际网络资源
退出成本	交易成本	退出交易支付的成本
	时间成本	退出交易花费的时间
	激励成本	退出所额外支付的激励成本
支付方式	支付的即时性	支付资产的即时性
	支付的流动性	支付资产的流动性
环境	法律环境	退出方式的法律环境
	经济环境	退出方式的经济环境
	资本市场	资本市场对退出的影响
	市场信誉	市场信誉对退出的影响
相关人员	其他股东	其他股东的态度
	管理层	企业管理层的态度
	员工	企业其他员工的态度
	顾问	聘请退出顾问的态度
市场容量	退出渠道的容量	潜在的购买者及购买资金的容量
	退出渠道的效率	退出效率的高低

6.3 灰色关联度退出风险规避模型及求解

6.3.1 问题的提出

要规避退出过程中的风险，就要对影响退出的种种因素进行评价，以求找出收益最大、风险最小的退出路线。在私募股权投资退出评价中，评价指标多为主观评价指标，例如退出环境、相关人员的态度等。而且这些指标是多层次的、复杂的，评价是建立在评价者的知识水平、认识能力和个人偏好之上的，因而很难完全排除人为因素带来的偏差，这就使得评价者在评价中提供的评价信息不确切、不完全，而具有“灰色”性。因此，本书在综合考察各种评价方法之后，运用灰色关联度评价法对退出选择的风险规避进行评价。

6.3.2 构建退出评价初始指标矩阵

由上一节所述，本书采用退出收入、退出成本、支付方式、环境、退出相关人员的态度、退出市场容量 6 个指标作为一级评价指标，交易成本等 18 个指标作为二级评价指标，分别以收益和风险为评价目标，并以风险调整的收益为总评价目标，构建私募股权投资退出的收益—风险评价指标体系及其评分标准，见表 6-1。在对退出选择进行评价时，首先要对指标进行白化定量。

设有 q 个退出选择满足退出约束，形成方案集 s（s=1，2，…，q）。$U_i^{(c)}$ 为目标 c 下一级评价指标的评价值，如前所述，收益目标下一级评价指标的集合为 $U^{(R)}$；风险目标下一级评价指标的评价值的集合为 $U^{(V)}$。$H_{ij}^{(c)}$ 为一级评价指标 $U_i^{(c)}$ 的第 j 子指标的评价值，$H_i^{(R)}$ 和 $H_i^{(V)}$ 分别为二级评价指标 $H_{ij}^{(R)}$ 和 $H_{ij}^{(V)}$ 在收益和风险目标下的评价值的集合，记为 $H_i^{(R)}=\{H_{i1}^{(R)}, H_{i2}^{(R)}, \cdots, H_{in_i}^{(R)}\}$，$H_i^{(V)}=\{H_{i1}^{(V)}, H_{i2}^{(V)}, \cdots, H_{in_i}^{(V)}\}$。其中，i=1，2，…，6；j=1，2，…，$n_i$；$n_i$ 为第 i 个一级评价指标所包含的二级评价指标数。

接下来要确定指标的评分等级标准。本书将退出评价指标划分为优、良、中、差四个等级，并相应地赋予 4、3、2、1 的分值。

最后要确定评价分数。设有 p 个评价专家，评价专家 k=1，2，…，p；p 名专家为 q 个退出选择按照优、良、中、差四个等级打分，得到退出选择 s 的评价指标矩阵 $D^{(sc)}$：

$$D^{(sc)} = \begin{bmatrix} d_{111}^{(sc)} & d_{112}^{(sc)} & \cdots & d_{11p}^{(sc)} \\ d_{121}^{(sc)} & d_{122}^{(sc)} & \cdots & d_{12p}^{(sc)} \\ d_{211}^{(sc)} & d_{212}^{(sc)} & \cdots & d_{21p}^{(sc)} \\ \cdots & \cdots & \cdots & \cdots \\ d_{231}^{(sc)} & d_{232}^{(sc)} & \cdots & d_{23p}^{(sc)} \\ \cdots & \cdots & \cdots & \cdots \\ d_{611}^{(sc)} & d_{612}^{(sc)} & \cdots & d_{61p}^{(sc)} \\ d_{621}^{(sc)} & d_{622}^{(sc)} & \cdots & d_{62p}^{(sc)} \end{bmatrix} = (d_{ijk}^{(sc)})_{(n_1+n_2+\cdots+n_6)\times p} \tag{6-1}$$

其中：$i=1, 2, \cdots, 6$；$j=1, 2, \cdots, n_i$；$k=1, 2, \cdots, p$；$c=R$ 或 $c=V$；$n_1, n_2, \cdots, n_6$ 分别为 6 个一级评价指标所包含的二级评价指标的个数；$d_{111}^{(sc)}, d_{112}^{(sc)}, \cdots, d_{11p}^{(sc)}$ 为第一个一级评价指标"退出收入"的二级指标"账户收入"在目标 c 下的 p 个专家的打分，依此类推，$d_{621}^{(sc)}, d_{622}^{(sc)}, \cdots, d_{62p}^{(sc)}$ 为第六个评价指标退出市场容量的第二个二级评价指标"退出渠道的效率"在目标 c 下的评价值。

6.3.3 确定权重

组织专家对各一级指标及二级指标评定权重。设 w_i 为第 i 个一级评价指标的权重，$\sum w_i = 1$，$W = (w_1, w_2, \cdots, w_6)$。设 $A_1^{(c)}, A_2^{(c)}, A_3^{(c)}, A_4^{(c)}, A_5^{(c)}, A_6^{(c)}$ 分别为六个一级指标相应的二级指标权重，$A_1 = (a_{11}, a_{12}, a_{13})$，$A_2 = (a_{21}, a_{22}, a_{23})$，$A_3 = (a_{31}, a_{32})$，$A_4 = (a_{41}, a_{42}, a_{43}, a_{44})$，$A_5 = (a_{51}, a_{52}, a_{53}, a_{54})$，$A_6 = (a_{61}, a_{62})$。

6.3.4 确定评价灰类

根据具体的情况，确定优、良、中、差 4 个灰类，即 $e=1, 2, 3, 4$，确定白化权函数如下。

第一灰类优，$e=1$，$\otimes_1 \in [d_1, \infty)$，其白化权函数表达式为：

$$f_1\left(d_{ijk}^{(sc)}\right)=\begin{cases}d_{ijk}^{(sc)}/d_1 & d_{ijk}^{(sc)}\in[0,\ d_1)\\ 1 & d_{ijk}^{(sc)}\in[d_1,\ \infty)\\ 0 & d_{ijk}^{(sc)}\bar{\in}[0,\ \infty)\end{cases}\tag{6-2}$$

其中：$d_1=\max\{d_{ijk}^{(sc)}\}$

第二、第三灰类良、中，$e=2,\ 3$，$\otimes_e\in\overline{[0,\ d_e,\ 2d_e]}$，其白化权函数表达式为：

$$f_e\left(d_{ijk}^{(sc)}\right)=\begin{cases}d_{ijk}^{(sc)}/d_e & d_{ijk}^{(sc)}\in[0,\ d_e)\\ \left(2d_e-d_{ijk}^{(sc)}\right)/d_e & d_{ijk}^{(s)}\in[d_e,\ 2d_e]\\ 0 & d_{ijk}^{(s)}\bar{\in}[0,\ 2d_e]\end{cases}\tag{6-3}$$

其中，d_e 是$\{d_{ijk}^{(sc)}\}$中次大和第三大的。

第四灰类差，$e=4$，$\otimes_4\in\overline{[0,\ d_4,\ 2d_4]}$，其白化权函数表达式为：

$$f_4\left(d_{ijk}^{(sc)}\right)=\begin{cases}\left(2d_4-d_{ijk}^{(sc)}\right)/d_4 & d_{ijk}^{(sc)}\in[d_4,\ 2d_4]\\ 1 & d_{ijk}^{(sc)}\in[0,\ d_4)\\ 0 & d_{ijk}^{(sc)}\bar{\in}[0,\ 2d_4]\end{cases}\tag{6-4}$$

其中，d_4 是$\{d_{ijk}^{(sc)}\}$中最小的。

此 4 类白化函数的阈值 d_1、d_2、d_3、d_4 按评价样本矩阵中寻找最大、次之、中等和最小值来代替。

6.3.5 确定灰色评价矩阵

6.3.5.1 计算灰色评价系数

对于指标 $H_{ij}^{(c)}$，第 s 退出方式属于第 e 灰类的灰色评价系数为：

$$x_{ije}^{(sc)}=\sum_{k=1}^{p}f_e\left(d_{ijk}^{(sc)}\right)\tag{6-5}$$

则对于指标 $H_{ij}^{(c)}$，第 s 退出方式属于各灰类的总灰色评价系数为：

$$x_{ij}^{(sc)}=\sum_{e=1}^{4}x_{ije}^{(sc)}\tag{6-6}$$

6.3.5.2 计算灰色评价权向量及权矩阵

第 s 退出方式的第 $H_{ij}^{(c)}$ 指标的第 e 个灰类的评价权为：

$$r_{ije}^{(sc)}=\frac{x_{ije}^{(sc)}}{x_{ij}^{(sc)}} \tag{6-7}$$

由此构成第 s 个退出方式 $H_{ij}^{(c)}$ 指标的各个灰类评价权向量为：

$$r_{ij}^{(sc)}=(r_{ij1}^{(sc)},\ r_{ij2}^{(sc)},\ r_{ij3}^{(sc)},\ r_{ij4}^{(sc)}) \tag{6-8}$$

则第 s 退出方式的第 i 个一级指标 $U_i^{(c)}$ 所属二级指标的灰色评价权矩阵为：

$$R_i^{(sc)}=\begin{bmatrix} r_{i1}^{(sc)} \\ r_{i2}^{(sc)} \\ \vdots \\ r_{in_i}^{(sc)} \end{bmatrix}=\begin{bmatrix} r_{i11}^{(sc)} & r_{i12}^{(sc)} & r_{i13}^{(sc)} & r_{i14}^{(sc)} \\ r_{i21}^{(sc)} & r_{i22}^{(sc)} & r_{i23}^{(sc)} & r_{i24}^{(sc)} \\ \cdots & \cdots & \cdots & \cdots \\ r_{in_i1}^{(sc)} & r_{in_i2}^{(sc)} & r_{in_i3}^{(sc)} & r_{in_i4}^{(sc)} \end{bmatrix} \tag{6-9}$$

若第 i 个一级指标 $U_i^{(c)}$ 的二级指标的权重为 $A_i^{(sc)}$，第 s 退出方式的加权一级评价指标 $U_i^{(c)}$ 的评价权向量为：

$$O_i^{(sc)}=A_i^{(sc)}\cdot R_i^{(sc)}=(o_{i1}^{(sc)},\ o_{i2}^{(sc)},\ o_{13}^{(sc)},\ o_{i4}^{(sc)}) \tag{6-10}$$

第 s 退出方式在评价目标 c 下，全部一级评价指标组成的评价权矩阵为：

$$O^{(sc)}=\begin{bmatrix} O_1^{(sc)} \\ O_2^{(sc)} \\ \vdots \\ O_6^{(sc)} \end{bmatrix}=\begin{bmatrix} o_{11}^{(sc)} & o_{12}^{(sc)} & o_{13}^{(sc)} & o_{14}^{(sc)} \\ o_{21}^{(sc)} & o_{22}^{(sc)} & o_{23}^{(sc)} & o_{24}^{(sc)} \\ \vdots & \vdots & \vdots & \vdots \\ o_{61}^{(sc)} & o_{62}^{(sc)} & o_{63}^{(sc)} & o_{64}^{(sc)} \end{bmatrix} \tag{6-11}$$

6.3.5.3 计算定性指标的灰色定量化向量

取各评价指标灰类等级值向量 $Y=(d_1,\ d_2,\ d_3,\ d_4)^T=(4,\ 3,\ 2,\ 1)^T$，与第 s 退出方式的评价权向量相乘，得到第 s 退出选择的所有一级指标的灰色定量化向量：

$$O^{(c)}=O^{(sc)}\times Y=(l_1^{(cs)},\ l_2^{(cs)},\ \cdots,\ l_m^{(cs)})^T \tag{6-12}$$

6.3.5.4 计算属性矩阵

将所有退出选择的灰色定量化向量组成最终评价矩阵，即属性矩阵：

$$L^{(c)} = (l_i^{(c)})_{m\times q} \tag{6-13}$$

其中，i=1，2，…，m；m 为所有一级评价指标的数目，本书中 m=6，q 为退出方式选择数目。对属性矩阵 $L^{(c)}$ 进行规格化，得到规格化属性矩阵 $L^{(cl)}$，$L^{(cl)} = (l_{is}^{(cl)})_{m\times q}$。其中：

$$L_{is}^{(cl)} = \frac{L_{is}^{(c)}}{\sum_{s=1}^{q} L_{is}^{(c)}} \tag{6-14}$$

6.3.6 确定最优与最劣向量

选取各个评价指标的相对最优值作为最优参考向量 $G^{(c)}$，选取各个评价指标的相对最劣值组成最劣参考向量 $B^{(c)}$：

$$G^{(c)} = (l_{g1}^{(cl)},\ l_{g2}^{(cl)},\ \cdots,\ l_{gm}^{(cl)})^T,\quad B^{(c)} = (l_{b1}^{(cl)},\ l_{b2}^{(cl)},\ \cdots,\ l_{bm}^{(cl)})^T \tag{6-15}$$

其中，$l_{gi}^{(cl)} = \max_s l_{is}^{(cl)}$，$l_{bi}^{(cl)} = \min_s l_{is}^{(cl)}$。

6.3.7 计算灰色关联度

6.3.7.1 计算灰色关联系数

第 s 退出方式在目标 c 下的向量 $L_s^{(cl)}$ 与最优参考向量 $G^{(c)}$ 的关联系数为：

$$\xi_j\ (L_s^{(cl)},\ G^{(c)}) = \frac{\min_s \min_i |l_{is}^{(cl)} - l_{gi}^{(cl)}| + \rho \max_s \max_i |l_{is}^{(cl)} - l_{gi}^{(cl)}|}{|l_{is}^{(cl)} - l_{gi}^{(cl)}| + \rho \max_s \max_i |l_{is}^{(cl)} - l_{gi}^{(cl)}|} \tag{6-16}$$

第 s 退出方式向量 $L_s^{(cl)}$ 与最劣参考向量 $B^{(c)}$ 的关联系数为：

$$\xi_j\ (L_s^{(cl)},\ B^{(c)}) = \frac{\min_s \min_i |l_{is}^{(cl)} - l_{bi}^{(cl)}| + \rho \max_s \max_i |l_{is}^{(cl)} - l_{bi}^{(cl)}|}{|l_{is}^{(cl)} - l_{bi}^{(cl)}| + \rho \max_s \max_i |l_{is}^{(cl)} - l_{bi}^{(cl)}|} \tag{6-17}$$

其中，ρ 为分辨系数，一般取 0.5。

6.3.7.2 计算灰色关联度

第 s 退出方式向量 $L_s^{(cl)}$ 与最优参考向量 $G^{(c)}$ 的关联度为：

$$\gamma(L_s^{(cl)},\ G^{(c)}) = \sum_{i=1}^{m} w_i \xi_s(L_s^{(cl)},\ G^{(c)}) \tag{6-18}$$

$L_s^{(c)}$ 与最劣参考向量 B^c 的关联度为：

$$\gamma(L_s^{(cl)},\ B^{(c)}) = \sum_{i=1}^{m} w_i \xi_s(L_s^{(cl)},\ B^{(c)}) \tag{6-19}$$

6.3.8 综合评价

假设第 s 退出方式在目标 c 下向量 $L_s^{(cl)}$ 以 $u_s^{(c)}$ 从属于最优参考向量 $G^{(c)}$，那么 $L_s^{(cl)}$ 以 $1-u_s^{(c)}$ 从属于最劣参考向量 $B^{(c)}$。

取目标函数为：

$$\min F(u^{(c)}) = [u_s^{(c)}\gamma(L_s^{(cl)},\ G^{(c)})]^2+[(1-u_s^{(c)})\gamma(L_s^{(cl)},\ B^{(c)})]^2 \tag{6-20}$$

其中，$u^{(c)} = (u_1^{(c)},\ u_2^{(c)},\ \cdots,\ u_q^{(c)})$。

由$\dfrac{\partial F(u)}{\partial u_s^{(c)}}=0$，得：

$$u_s^{(c)} = \frac{1}{1+\left[\dfrac{\gamma(L_s^{(cl)},\ G^{(c)})}{\gamma(L_s^{(cl)},\ B^{(c)})}\right]^2} \tag{6-21}$$

以风险目标值为权数，得到退出方式最终评价值：

$$Z_s = u_s^{(V)} u_s^{(R)} \tag{6-22}$$

根据 Z_s 的大小，确定最优的退出方式，Z_s 最大的退出方式是综合考虑收益和风险两个评价目标后得到的最好的退出方式。

6.4 LX 投资从 KDXF 公司退出的路径选择实例分析

LX 投资成立于 2001 年 4 月，是 LX 控股旗下的一家专门投资于风险投资阶段的私募股权投资公司。LX 投资的主要成员都是原 LX 控股的高层管理人员，是 LX 投资发展的建设者，有平均超过 17 年的管理经验。他们对在中国环境下如何把企业做成功以及对企业发展过程中的重要环节和关键要素的认识可以帮助中小企业少走弯路。这些经验是 LX 投资为被投企业提供增值服务的基础①。

2001 年 6 月 6 日，LX 投资投入 KDXF 公司 2533 万元，折合注册资本 800 万元，占公司总股本的 10.95%。KDXF 公司是一家专业从事智能语音及语言技术研究、软件及芯片产品开发、语音信息服务及电子政务系统集成的国家级骨干软件企业。KDXF 公司是国内最大的智能语音技术提供商，占有中文语音技术市场 60%以上的市场份额。是我国软件行业中为数极少的掌握核心技术并拥有自主知识产权的企业之一，其智能语音核心技术代表了世界范围内的最高水平②。

2007 年，LX 投资着手从 KDXF 公司退出，有三种退出方式供选择，要求从中选出收益最大、风险最小的退出选择。现用本章所述的评价方法以风险加权的收益为最终评价目标，以收益和风险分别为分目标对退出路径进行评价。具体的评价过程如下。

6.4.1 构建退出评价初始指标矩阵

5 名投资委员会成员给 3 个退出选择在收益和风险目标下的 6 个一级指标所属的 18 个二级指标按优、良、中、差 4 个等级打分（优为 4 分，差为 1 分，依次递减），得到收益目标下的评分矩阵 D_1^R、D_2^R、D_3^R 及风险目标下的评分矩阵如 D_1^V、D_2^V、D_3^V（见附录 2）。

6.4.2 确定评价灰类

优、良、中、差 4 个等级的灰数及白化权函数如图 6-4 所示。

第一灰类优（e=1），设定灰数 $\otimes_1 \in [4, \infty)$，其白化权函数为 f_1；第

①资料来源：LX 公司网站。

②资料来源：ChinaVenture 旗下数据库 CVSources。

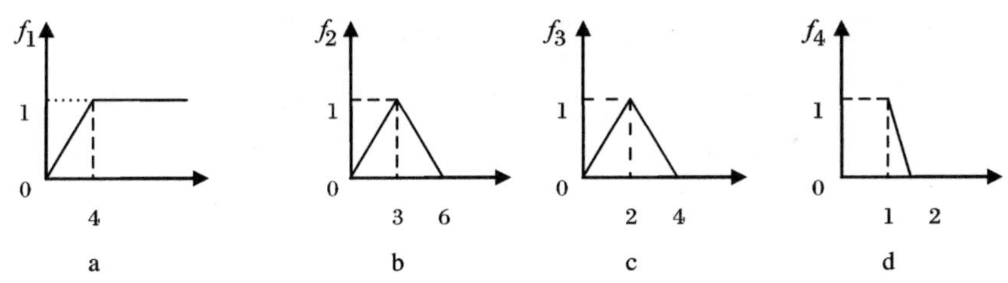

图 6-4　白化函数的阈值示意图

二灰类良（e=2），设定灰数$\otimes_2 \in \overbrace{[0,\ 3,\ 6]}$，其白化权函数为 f_2；第三灰类中（e=3），设定灰数$\otimes_3 \in \overbrace{[0,\ 2,\ 4]}$，其白化权函数为 f_3；第四灰类差（e=4），设定灰数$\otimes_4 \in [0,\ 1,\ 2]$，其白化权函数为 f_4（如图 6-4 所示）。

6.4.3　确定权重

由投资委员会确定各二级指标及一级指标权重，得到一级指标权重 $W=(w_1, w_2, \cdots, w_6)=(0.36, 0.24, 0.17, 0.12, 0.06, 0.05)$；二级指标权重 $A_1=(a_{11}, a_{12}, a_{13})=(0.65, 0.2, 0.15)$；$A_2=(a_{21}, a_{22}, a_{23})=(0.4, 0.31, 0.29)$；$A_3=(a_{31}, a_{32})=(0.6, 0.4)$；$A_4=(a_{41}, a_{42}, a_{43}, a_{44})=(0.3, 0.1, 0.3, 0.3)$；$A_5=(a_{51}, a_{52}, a_{53}, a_{54})=(0.35, 0.35, 0.2, 0.1)$；$A_6=(a_{61}, a_{62})=(0.4, 0.6)$。

6.4.4　确定灰色评价矩阵

6.4.4.1　求评价系数及一级评价指标的评价权矩阵

由式（4-2）、式（4-3）和式（4-4）计算评价指标的灰色评价系数。对于退出选择 s，由评价指标 $H_{ij}^{(c)}$ 属于第一、第二、第三、第四灰类的评价系数 $x_{ije}^{(sc)}$ 所组成的矩阵 $X_s^{(c)}$（见附录 3）。根据式（4-6）求出各灰类的灰色评价系数，并用式（4-7）计算出各二级指标第 e 个灰类的评价权，构成第 s 退出方式所有二级指标的评价权矩阵（见附录 4）。以二级指标的权向量乘以二级指标的评价权矩阵，根据式（4-10）求出各一级指标的评价权向量，组成第 s 退出方式下的全部一级指标的评价权矩阵：

$$R^{(1R)}=\begin{bmatrix}0.39&0.34&0.09&0.18\\0.27&0.31&0.14&0.28\\0.26&0.31&0.13&0.30\\0.11&0.15&0.19&0.55\\0.23&0.28&0.16&0.33\\0.18&0.24&0.20&0.38\end{bmatrix}\quad R^{(2R)}=\begin{bmatrix}0.29&0.32&0.13&0.26\\0.31&0.32&0.13&0.24\\0.33&0.32&0.12&0.23\\0.14&0.18&0.19&0.49\\0.29&0.30&0.14&0.27\\0.19&0.26&0.19&0.36\end{bmatrix}$$

$$R^{(3R)}=\begin{bmatrix}0.28&0.30&0.16&0.26\\0.22&0.28&0.17&0.33\\0.28&0.32&0.13&0.27\\0.22&0.26&0.16&0.36\\0.18&0.21&0.17&0.43\\0.33&0.34&0.09&0.24\end{bmatrix}\quad R^{(1V)}=\begin{bmatrix}0.37&0.34&0.10&0.19\\0.24&0.30&0.16&0.30\\0.20&0.24&0.19&0.37\\0.12&0.16&0.19&0.53\\0.23&0.27&0.17&0.33\\0.22&0.29&0.15&0.33\end{bmatrix}$$

$$R^{(2V)}=\begin{bmatrix}0.18&0.23&0.19&0.40\\0.28&0.32&0.13&0.27\\0.21&0.25&0.18&0.36\\0.12&0.16&0.22&0.50\\0.24&0.29&0.16&0.32\\0.23&0.28&0.18&0.31\end{bmatrix}\quad R^{(3V)}=\begin{bmatrix}0.34&0.34&0.09&0.23\\0.28&0.32&0.13&0.27\\0.26&0.31&0.15&0.28\\0.20&0.25&0.17&0.38\\0.28&0.31&0.13&0.28\\0.18&0.24&0.20&0.38\end{bmatrix}$$

6.4.4.2 求属性矩阵

将评价权向量与等级向量值相乘，并规格化，得到全部退出方式的最终评价属性矩阵：

$$L^{(R)}=\begin{bmatrix}0.36&0.32&0.32\\0.33&0.35&0.32\\0.32&0.35&0.33\\0.30&0.32&0.38\\0.34&0.36&0.30\\0.30&0.32&0.38\end{bmatrix}\quad L^{(V)}=\begin{bmatrix}0.36&0.28&0.36\\0.32&0.34&0.34\\0.32&0.32&0.36\\0.31&0.31&0.38\\0.32&0.33&0.35\\0.34&0.35&0.31\end{bmatrix}$$

6.4.5 确定最优参考向量与最劣参考向量

选取各个评价指标的相对最优值作为最优参考向量 $G^{(c)}$，选取各个评价指标的相对最劣值组成最劣参考向量 $B^{(c)}$：

$G^{(R)} = (0.36, 0.35, 0.35, 0.38, 0.36, 0.38)^T$

$B^{(R)} = (0.32, 0.31, 0.32, 0.30, 0.30, 0.30)^T$

$G^{(V)} = (0.37, 0.34, 0.36, 0.38, 0.35, 0.35)^T$

$B^{(V)} = (0.28, 0.32, 0.32, 0.31, 0.32, 0.31)^T$

6.4.6 计算灰色关联度

6.4.6.1 计算关联系数

根据式（6-16）和式（6-17）计算出在收益与风险目标下各退出方案一级评价指标属性值与最优属性值的关联系数如下：

$$\xi(L_s^{(R1)}, G^{(R)}) = \begin{bmatrix} 1 & 0.37 & 0.33 \\ 0.50 & 1 & 0.33 \\ 0.33 & 1 & 0.43 \\ 0.33 & 0.40 & 1 \\ 0.56 & 1 & 0.33 \\ 0.33 & 0.37 & 1 \end{bmatrix}$$

$$\xi(L_s^{(R1)}, B^{(R)}) = \begin{bmatrix} 0.33 & 0.76 & 1 \\ 0.50 & 0.33 & 1 \\ 1 & 0.33 & 0.59 \\ 1 & 0.66 & 0.33 \\ 0.45 & 0.33 & 1 \\ 1 & 0.79 & 0.33 \end{bmatrix}$$

$$\xi\left(L_s^{(V1)},\ G^{(V)}\right)=\begin{bmatrix}1 & 0.33 & 0.80\\ 0.33 & 1 & 0.89\\ 0.33 & 0.35 & 1\\ 0.33 & 0.36 & 1\\ 0.33 & 0.39 & 1\\ 0.75 & 1 & 0.33\end{bmatrix}$$

$$\xi\left(L_s^{(V1)},\ B^{(V)}\right)=\begin{bmatrix}0.33 & 1 & 0.36\\ 1 & 0.33 & 0.35\\ 1 & 0.86 & 0.33\\ 1 & 0.84 & 0.33\\ 1 & 0.71 & 0.33\\ 0.38 & 0.33 & 1\end{bmatrix}$$

6.4.6.2 计算关联度

根据式（6-18）和式（6-19）可知三种退出方式与最优向量和最劣向量的关联度为：

$\gamma\left(L_1^{(R1)},\ G^{(R)}\right)=0.63$，$\gamma\left(L_2^{(R1)},\ G^{(R)}\right)=0.67$，

$\gamma\left(L_3^{(R1)},\ G^{(R)}\right)=0.46$；$\gamma\left(L_1^{(R1)},\ B^{(R)}\right)=0.61$，

$\gamma\left(L_2^{(R1)},\ B^{(R)}\right)=0.55$，$\gamma\left(L_3^{(R1)},\ B^{(R)}\right)=0.82$；

$\gamma\left(L_1^{(V1)},\ G^{(V)}\right)=0.59$，$\gamma\left(L_2^{(V1)},\ G^{(V)}\right)=0.54$，

$\gamma\left(L_3^{(V1)},\ G^{(V)}\right)=0.86$；$\gamma\left(L_1^{(V1)},\ B^{(V)}\right)=0.73$，

$\gamma\left(L_2^{(V1)},\ B^{(V)}\right)=0.74$，$\gamma\left(L_3^{(V1)},\ B^{(V)}\right)=0.38$。

6.4.7 综合评价

根据式（6-21），在收益目标下，各退出方式从属于最优的从属度 $u_s^{(R)}$ 分别为 0.483、0.402、0.756；在风险目标下，各退出方式从属于最优的从属度 $u_s^{(V)}$ 分别为 0.601、0.659、0.162。

根据式（6-22），以各退出方式在风险目标下从属于最优的从属度 $u_s^{(V)}$ 为权重，求出各退出方式以风险加权的收益 Z_s 分别为 0.290、0.265、

0.122。在收益与风险综合最优的目标下，退出方式1为最优退出方式，即A股上市。

2008年5月12日，KDXF公司在深交所中小板上市，发行价为12.66元/股，募集资金31414万元。如果以注册资本出资额计算的话，LX投资的每股成本仅为0.91元。而截至2009年1月14日收盘，KDXF公司的股价已经达到26.45元，为投资成本的29.07倍，是2008年度私募股权投资退出的最高回报。但根据“锁定期”要求，到2011年的5月13日之后，LX投资才可以将上述股份变现。

6.5 本章小结

退出是实现私募股权投资收益最重要的环节。本章首先对学术界提出的退出的重要性及退出的10个步骤进行了介绍，紧接着对退出过程中存在的风险进行了分析。退出分为账面价值降低或销账、资产重组、部分退出、全部退出4种不同的退出程度和IPO、交易出售、回购、二次收购、清算5种不同的退出类型，不同的退出程度和类型，对私募股权投资带来的风险也不同。同样，对于私募股权投资公司来说，退出时机的选择也是退出过程中的重要风险因素。分析了退出程度、退出类型和退出时机给退出带来的风险之后，本章又对退出执行过程中涉及的人力资源、执行管理、时间安排和退出成本、退出宣传及聘请退出顾问方面的风险进行了分析，将退出风险的影响因素归结为退出收益率、退出成本、退出程度、退出变现的速度、退出相关人员的态度、退出环境6个主要方面，并以18个子指标对这6个方面的风险加以评价，提出了以风险加权的收益为评价总目标的灰色关联度私募股权投资退出风险规避模型，并以LX投资从KDXF退出的实例对本章所提出的风险规避评价模型进行了演示。

7 总结与展望

7.1 全书总结

私募股权投资行业在我国是个新兴行业，对我国中小型科技企业的发展、中等规模企业的改制、企业所有权结构的调整甚至产业结构的调整都具有积极的促进作用。私募股权投资是以股权投资的方式投资于企业生命周期的不同阶段，在持有一定时期后退出得利的一种投资方式。它涵盖了企业的种子期、设立期、成长期、成熟期、衰败转型期等不同阶段，为企业的设立、发展、成长、扩张、上市、并购提供股权资本的支持，并对危困企业的重组解困提供资本支持和管理支持，因而对于促进企业的发展具有尤为重要的意义。而私募股权投资本身所具有的不透明、不流动等特征又使其在筛选、评估、投资、管理、退出的运作过程中面临许多风险，这使得风险的管理和规避成为私募股权投资研究中的重要课题。本书从私募股权投资运作流程出发，对私募股权投资过程中的联合投资风险、委托代理风险、投资项目选择风险和退出路径选择风险进行了分析和研究，提出了合理评价和规避风险的模型，实现了预期的结果。现将本书的主要研究工作及研究结论总结如下。

第一，本书对私募股权投资中联合投资合作伙伴选择的风险规避问题进行了理论研究，建立了私募股权投资联合投资合作伙伴选择的风险规避模糊选优模型，求出了最优解。联合投资是私募股权投资的常见形式，它可以有效规避投资中存在的系统风险和非系统风险。联合投资伙伴的选择则是私募股权主导投资者所面临的重要决策。全面评价备选联合投资伙伴，以规避伙伴选择过程中的风险，最大化联合投资收益，是私募股权联合投资中选择合作伙伴的主要目标。本书在介绍私募股权联合投资研究背景的基础上，分析了私募股权联合投资中可能存在的风险，从单一投资阶段联合投资伙伴选择的风险规避入手，对规避联合投资伙伴选择的风险所要考虑的联合成本、声誉、组织相容性和资源互补性四个方面的评价指标运用模糊选优的方法进行综合评价，构造了以风险隶属度加权的最优收益隶属度模型，推导出风险加权情况下联合投资伙伴的最佳选择。

在有关联合投资伙伴选择的研究中，以前的研究主要针对单一投资阶段的联合投资伙伴选择，对多个投资阶段联合投资伙伴选择的风险规避研究则较少关注。随着私募股权投资在世界范围内的繁荣和兴盛，投资于多个私募股权投资阶段的混合型私募股权投资基金越来越多，多阶段联合投资伙伴选择的风险规避问题就越发重要。本书在研究单一投资阶段联合投资伙伴选择的风险规避问题的基础上，运用动态规划方法，构建了多阶段联合投资伙伴选择的风险规避模型，并以 HP 公司多阶段联合投资伙伴选择的实例，演示了多阶段联合投资伙伴选择的风险规避模型。

第二，本书对私募股权投资项目选择决策中面临的风险进行了理论研究，建立了私募股权投资项目选择的风险规避期权博弈模型，求出了不确定情况下项目选择的最优解。期权博弈方法作为传统投资决策方法，为私募股权投资项目的评估和投资决策的风险规避问题提供了科学的研究方法。本书应用期权博弈理论的方法和模型，对不确定环境下的二阶段私募股权投资决策的相关风险与预期收益进行了分析和数学描述，建立了私募股权投资决策的期权价值模型，并求出了模型的解析解。

在考虑期权价值的基础上，本书分析了被投资企业与私募股权投资公司之间的信息不对称问题。考虑到申请投资企业在信息不对称的情况下为了吸引投资，会向投资者发出质量优良的信号，而投资者根据对申请投资企业发出的信号的判断决定是否投资。因此，私募股权投资的博弈不同于寡头垄断的抢滩博弈和相互竞争的序贯博弈，本书将私募股权投资公司与申请投资的企业之间的博弈归结为具有不完全信息的动态博弈——信号博弈，求出了信号博弈的合并完美贝叶斯均衡解。

第三，本书对私募股权投资中的委托代理问题进行了理论研究，建立了私募股权投资委托代理风险规避的博弈模型，求出了完美贝叶斯均衡解。代理问题是私募股权投资全过程中的重要风险。在私募股权投资中，由于经营权与所有权的分离而存在着多重的委托代理关系。私募股权投资公司作为资本的运营者，是私募股权投资者的代理人；私募股权投资基金经理作为投资的运营代表，是私募股权投资公司的代理人；被投资企业的企业家或经理人作为企业经营者，是私募股权投资公司及其他股东的代理人。多重的委托代理关系交织在一起，使得私募股权投资过程中的委托代理问题尤为突出。

为了降低代理的风险，学者们在契约的设计、激励和补偿条款的设计等方面做了大量的理论和实证研究。本书在分析代理风险的基础上，对私募股权投资公司与被投资企业的企业家之间的代理问题进行了博弈分析。在不考虑企业家和私募股权投资公司基金经理能力约束的情况下，由于存在信息不对称的问题，企业家的努力程度小于在完全信息下的努力程度，且企业家越保守，他们承担的风险也越小。企业家承担风险的增加将提高其努力程度。较低的努力水平将导致代理成本的增加（包括激励成本和风险成本），而这在完全信息情况下是不存在的。所有关于企业家努力程度的信息都是有价值的，它们可以帮助私募股权投资公司减少委托代理成本。私募股权投资公司选择监督的强度取决于监督的成本和相关的利润。

由于在企业家和私募股权投资基金经理能力与经验有限的情况下，企业家的努力不能完全转化为产出，而私募股权投资基金经理的监控努力也不能完全转化为有效的监控，这时候部分偷懒的情况比较常见。在这种情况下，增加企业家的分配比例，可以使企业家努力的成本下降，进而刺激企业家努力；当对企业家的分配比例一定时，企业家风险厌恶的程度越高，相同的收益分配比例对企业家的激励强度越低；当企业家努力的成本越高时，企业家就越不愿意努力，私募股权投资公司就应以较低的成本对其进行监控；反之，则需要较高的监控成本。私募股权投资公司的收益是企业家风险厌恶程度的减函数，企业家的风险厌恶程度越低，私募股权投资公司的收益就越高；私募股权投资的收益还受外界因素的影响，外界因素波动性越大，私募股权投资的收益就越低。

第四，本书对私募股权投资退出选择的风险规避问题进行了理论研究，建立了私募股权投资退出风险规避的灰色关联度评估模型，求出了模型的最优解。由于退出是实现私募股权投资收益的最重要的环节，本书在对学术界提出的退出重要性及退出步骤进行介绍的基础上，分析了退出过程中存在的风险。退出分为账面价值降低或销账、资产重组、部分退出、全部退出 4 种不同的退出程度和 IPO、交易出售、回购、二次收购、清算 5 种不同的退出类型，不同的退出程度和类型，对私募股权投资带来的风险也不同。同样，对于私募股权投资公司来说，退出时机的选择也是退出过程中的重要风险因素。在分析了退出程度、类型和时机给退出带来的风险之后，本书又对退出执行过程中涉及的人力资源、执行管理、时间安排和退出成本、退出宣传及聘请退出顾问方面的风险进行了分析，将退出风险的影响因素归结为退出收益率、退出成本、退出程度、退出变现的速度、退出相关人员的态度、退出环境 6 个主要方面，并以 18 个子指标对这 6 个方面的风险加以评价，提出了以风险加权的收益为评价总目标的灰色关联度私募股权投资退出风险规避模型，求出了以风险加权的收益为目标的退出选择的最优顺序。

7.2 研究展望

私募股权投资本身存在的高风险、高收益的特征使其在从设立到退出的整个过程中都面临巨大的风险。本书从私募股权投资公司的角度，对投资过程中面临的部分风险进行了分析和研究。私募股权投资的整个过程涉及私募股权投资的投资人、私募股权投资公司、被投资企业的原有股东、企业家、企业员工等多方面的利益，而且私募股权投资还会受到宏观环境因素的影响，这些都是本书没有涉及的问题。就目前而言，以下问题有待于进一步的研究。

第一，宏观环境风险的合理规避问题。私募股权投资所处的不同的国家、政治制度、法律体系、经济背景以及人们的思想理念都会影响到投资的风险与收益。在日益加速的世界经济一体化的进程中，跨国投资的私募股权投资越来越多，在一个国家取得成功的投资模式和风险规避措施到了另一个国家可能毫无意义。即便是在同一个国家内投资，由于不同时期政府的货币政策、财政政策、税收政策不同，再加上资本市场监管政策的调整，都会给私募股权投资带来风险，如何对这些宏观环境方面的风险进行规避需要进一步研究。

第二，投资组合的风险规避问题。一个私募股权投资基金往往投资于多个项目，以通过投资组合的多样化来分散非系统风险。如何对投资组合进行多样化的管理，本书没有涉及，需要进一步研究。

第三，有限合伙人的风险规避问题。在私募股权投资中，投资人作为有限合伙人，出资额占私募股权投资基金的99%，但不参与基金的管理；私募股权投资公司作为普通合伙人，出资额占投资基金的1%，却对基金的管理负无限责任。有限合伙人将大量资本委托给普通合伙人，会面临由于信息不对称而带来的逆向选择、道德风险、敲竹杠等代理风险。从有限合伙人的角度出发，如何对私募股权投资的风险进行规避需要进一步研究。

第四，投资组合公司的企业家的风险规避问题。投资组合公司的企业家在接受私募股权投资的同时，也通常要付出较大的代价以换取这种昂贵的投资。在这个过程中，企业家可能要面临出让企业的控制权、承受高比例的财务杠杆压力、接受严格的绩效考核，甚至失去现有工作等不利处境，高财务杠杆压力下的企业甚至有可能破产。如何从企业家的角度对私募股权投资中的风险进行规避也需要进一步研究。

附录　实例计算中的部分原始数据

附录 1　3. 5. 1 中联合成本评价指标原始数据矩阵

三个投资阶段联合投资合作伙伴的联合成本评价的原始数据为：

${}_1X_1$ = [1200，1050，830，1140]；${}_2X_1$ = [630，720，490]；${}_3X_1$ = [800，750，430，390]

附录 2　6. 4. 1 中退出选择评价原始数据矩阵

五名投资委员会成员给三个退出选择在收益目标下的评分矩阵 D_1^R、D_2^R、D_3^R 及在风险目标下的评分矩阵如 D_1^V、D_2^V、D_3^V 如下：

$$D_1^R=\begin{bmatrix} 4 & 3.5 & 3.5 & 4 & 3.5 \\ 4 & 4 & 3.5 & 3 & 3 \\ 3 & 3.5 & 3 & 2.5 & 4 \\ 3.5 & 3 & 3 & 3 & 3.5 \\ 3.5 & 3 & 3 & 4 & 3 \\ 3.5 & 2.5 & 3 & 2.5 & 3 \\ 3.5 & 3 & 3 & 3 & 3.5 \\ 3.5 & 3 & 3 & 2.5 & 3 \\ 2.5 & 2 & 2 & 1.5 & 2 \\ 2.5 & 3 & 3 & 3 & 3.5 \\ 1.5 & 2 & 1.5 & 1 & 2 \\ 2 & 1 & 1 & 1.5 & 1 \\ 3 & 3.5 & 3 & 2.5 & 3 \\ 2.5 & 3 & 3 & 2.5 & 2.5 \\ 3 & 2.5 & 2.5 & 3 & 3 \\ 3.5 & 3.5 & 4 & 4 & 3.5 \\ 3 & 2.5 & 2.5 & 3 & 2 \\ 3 & 2.5 & 3 & 2.5 & 2 \end{bmatrix}\begin{matrix} H_{11}^R \\ H_{12}^R \\ H_{13}^R \\ H_{21}^R \\ H_{22}^R \\ H_{23}^R \\ H_{31}^R \\ H_{32}^R \\ H_{41}^R \\ H_{42}^R \\ H_{43}^R \\ H_{44}^R \\ H_{51}^R \\ H_{52}^R \\ H_{53}^R \\ H_{54}^R \\ H_{61}^R \\ H_{62}^R \end{matrix}$$

$$D_1^V=\begin{bmatrix} 3.5 & 4 & 3 & 4 & 3.5 \\ 3.5 & 3.5 & 3 & 3.5 & 4 \\ 3.5 & 3.5 & 4 & 3 & 3 \\ 3 & 3 & 3 & 3.5 & 3 \\ 3.5 & 3 & 3.5 & 3 & 2.5 \\ 3 & 3 & 3 & 3 & 2.5 \\ 3.5 & 3.5 & 2.5 & 3 & 2.5 \\ 2.5 & 2 & 2 & 2.5 & 2.5 \\ 2.5 & 2.5 & 2 & 1.5 & 1.5 \\ 2.5 & 2.5 & 2.5 & 3 & 3 \\ 2 & 1.5 & 1.5 & 1.5 & 2.5 \\ 2 & 1.5 & 1 & 1.5 & 1.5 \\ 2.5 & 3 & 2.5 & 3 & 3 \\ 3 & 3 & 2.5 & 3 & 3 \\ 2.5 & 2.5 & 2 & 2.5 & 2.5 \\ 4 & 3.5 & 3.5 & 4 & 4 \\ 3 & 3 & 3 & 2.5 & 3 \\ 3 & 3 & 3 & 2.5 & 3 \end{bmatrix}\begin{matrix} H_{11}^V \\ H_{12}^V \\ H_{13}^V \\ H_{21}^V \\ H_{22}^V \\ H_{23}^V \\ H_{31}^V \\ H_{32}^V \\ H_{41}^V \\ H_{42}^V \\ H_{43}^V \\ H_{44}^V \\ H_{51}^V \\ H_{52}^V \\ H_{53}^V \\ H_{54}^V \\ H_{61}^V \\ H_{62}^V \end{matrix}$$

$$D_2^R=\begin{bmatrix}3&3.5&3&3.5&3.5\\2.5&4&4&3.5&3\\3&3&3&2.5&3.5\\3&3.5&2.5&3.5&3.5\\4&3&4&4&3.5\\3&3&3.5&2.5&3\\4&3.5&3&4&3.5\\3&3&2.5&3&3.5\\3&3&3&2.5&2\\2.5&3&2.5&3&3\\2&2&1.5&1&1.5\\2&1.5&1.5&1.5&1.5\\3.5&4&3&3&3\\4&3&3.5&3&2.5\\2.5&2.5&2.5&3&2.5\\3.5&4&4&4&4\\3&3&3&3&2.5\\3&2.5&3&2.5&2\end{bmatrix}\quad D_2^V=\begin{bmatrix}2&2.5&2.5&2&2.5\\3&3.5&3.5&3&3.5\\2.5&2.5&3&2&2.5\\3.5&3.5&3&3&4\\3&3&3.5&3&2.5\\3&3.5&3&3.5&3\\2&2.5&2&3&2.5\\2.5&3&3.5&3&4\\2&2.5&2&2.5&2\\2&2.5&2&3&2.5\\2&1.5&1.5&2&2\\1.5&1.5&2&1.5&2\\3&3&2.5&3&2.5\\3&3.5&2.5&2.5&3\\3&2.5&3&3&3\\4&3.5&3.5&3.5&4\\3.5&3&2&3.5&3\\3.5&3&3&3&2.5\end{bmatrix}$$

$$D_3^R=\begin{bmatrix}3&4&3&4&3\\3&2.5&3&2.5&3\\2.5&2.5&3&3.5&3\\3&3&2&3&3\\3&3&3.5&3.5&3\\2.5&2.5&3&3&3\\3&3&3&3&3.5\\3.5&3.5&3.5&3.5&3\\3&2.5&2.5&2.5&3\\3&3&3&3&3\\2&1.5&1.5&2&2\\3.5&4&3.5&3&3.5\\2&2.5&2&2.5&2.5\\3&3&2.5&2.5&2.5\\1&1&1&1.5&1\\3.5&4&3.5&4&4\\3.5&3.5&3&3&3\\3.5&3.5&3.5&3&4\end{bmatrix}\quad D_3^V=\begin{bmatrix}4&3.5&3.5&3&3.5\\3.5&3&3&3.5&4\\3&3.5&3&3&3.5\\3.5&3&2.5&3&3.5\\3.5&4&3.5&3&3\\3.5&3&3&3.5&3\\3&3.5&2.5&3.5&3\\3.5&3&3&3&3.5\\3.5&3&3&2.5&3\\2.5&3&2.5&2.5&3\\2.5&2&2&1.5&2\\3&3.5&2.5&3&3\\3&3.5&3.5&3&3.5\\3.5&3.5&3&3&3\\2.5&3&2.5&2.5&2\\4&4&4&3.5&3.5\\3&3&2.5&2&2.5\\3&2&2.5&3&2.5\end{bmatrix}$$

附录3　6.4.4 中评价系数矩阵

由式（4-2）、式（4-3）和式（4-4）计算评价指标的灰色评价系数。对于退出选择 s 由其评价指标 $H_{ij}^{(c)}$，其属于第一、第二、第三、第四个灰类的评价系数 $x_{ije}^{(sc)}$ 所组成的矩阵 $X_s^{(c)}$ 为：

$$X_1^{(R)}=\begin{bmatrix} 4.625 & 3.83 & 1 & 1.5 \\ 4.375 & 4.167 & 1.25 & 2.5 \\ 4 & 4.333 & 1.25 & 4 \\ 4 & 4.667 & 1.75 & 4 \\ 4.125 & 4.5 & 2.25 & 3.5 \\ 3.625 & 4.5 & 2.5 & 5.5 \\ 4 & 4.667 & 1.75 & 4 \\ 3.75 & 4.667 & 2.25 & 5 \\ 2.5 & 3.333 & 4.5 & 10 \\ 3.75 & 4.667 & 2.25 & 5 \\ 2 & 2.667 & 4 & 12 \\ 1.625 & 2.167 & 3.25 & 13.5 \\ 3.75 & 4.667 & 2.25 & 5 \\ 3.375 & 4.5 & 3.25 & 6.5 \\ 3.5 & 4.667 & 3 & 6 \\ 4.625 & 3.833 & 1 & 1.5 \\ 3.25 & 4.333 & 4 & 7 \\ 3.25 & 4.333 & 3.75 & 7 \end{bmatrix} \quad X_2^{(R)}=\begin{bmatrix} 4.125 & 4.5 & 1.75 & 3.5 \\ 4.25 & 4 & 1.75 & 3 \\ 3.75 & 4.667 & 2 & 5 \\ 4 & 4.333 & 2 & 4 \\ 4.625 & 3.833 & 1 & 1.5 \\ 3.75 & 4.667 & 2.25 & 5 \\ 4.5 & 4 & 1.25 & 2 \\ 3.75 & 4.667 & 2.25 & 5 \\ 3.375 & 4.5 & 3.5 & 6.5 \\ 3.5 & 4.667 & 3 & 6 \\ 2 & 2.667 & 4 & 12 \\ 2 & 2.667 & 4 & 12 \\ 4.125 & 4.5 & 1.75 & 3.5 \\ 4 & 4.333 & 2.25 & 4 \\ 3.25 & 4.333 & 3.75 & 7 \\ 4.875 & 3.5 & 0.25 & 0.5 \\ 3.625 & 4.833 & 3 & 5.5 \\ 3.25 & 4.333 & 3.75 & 7 \end{bmatrix}$$

$$X_3^{(R)}=\begin{bmatrix} 4.25 & 4.333 & 2 & 3 \\ 3.5 & 4.667 & 2.75 & 6 \\ 3.625 & 4.5 & 3 & 5.5 \\ 3.5 & 4.667 & 3 & 6 \\ 4 & 4.667 & 2.25 & 4 \\ 3.5 & 4.667 & 3 & 6 \\ 3.875 & 4.833 & 2 & 4.5 \\ 4.25 & 4.333 & 1.75 & 3 \\ 3.375 & 4.5 & 3 & 6.5 \\ 3.75 & 5 & 2.5 & 5 \\ 2.25 & 3 & 4.5 & 11 \\ 4.375 & 4.167 & 1 & 2.5 \\ 2.875 & 3.833 & 4.25 & 8.5 \\ 3.375 & 4.5 & 3.25 & 6.5 \\ 1.375 & 1.833 & 2.75 & 14.5 \\ 4.75 & 3.667 & 0.5 & 1 \\ 4 & 4.667 & 2 & 4 \\ 4.375 & 4.167 & 0.75 & 2.5 \end{bmatrix}$$

$$X_1^{(V)}=\begin{bmatrix} 1.875 & 2.5 & 3.75 & 12.5 \\ 4.5 & 4 & 1.25 & 2 \\ 4.375 & 4.167 & 1 & 2.5 \\ 4.25 & 4.333 & 1.5 & 3 \\ 3.875 & 4.83 & 2.5 & 4.5 \\ 3.875 & 4.5 & 2.5 & 4.5 \\ 3.625 & 4.833 & 3 & 5.5 \\ 3.75 & 4.333 & 2.75 & 5 \\ 2.875 & 3.833 & 4.25 & 8.5 \\ 2.5 & 3.333 & 4 & 10 \\ 3.375 & 4.5 & 3.25 & 6.5 \\ 2.25 & 3 & 4 & 11 \\ 1.875 & 2.5 & 3.75 & 12.5 \\ 3.5 & 4.667 & 3 & 6 \\ 3.625 & 4.833 & 2.75 & 5.5 \\ 3 & 4 & 4 & 8 \\ 4.75 & 3.667 & 0.5 & 1 \\ 3.625 & 4.833 & 2.5 & 5.5 \\ 3.625 & 4.833 & 2.5 & 5.5 \end{bmatrix}$$

$$X_2^{(V)}\begin{bmatrix} 2.875 & 3.833 & 4 & 8.5 \\ 4.125 & 4.5 & 1.5 & 3.5 \\ 3.125 & 4.167 & 3.5 & 7.5 \\ 4.25 & 4.33 & 1 & 3 \\ 3.75 & 4.667 & 2.75 & 5 \\ 4 & 4.667 & 2.25 & 4 \\ 3 & 4 & 4.25 & 8 \\ 4 & 4.333 & 1.5 & 4 \\ 2.75 & 3.667 & 4.75 & 9 \\ 3 & 4 & 4.25 & 8 \\ 2.25 & 3 & 4.5 & 11 \\ 2.125 & 2.833 & 4.25 & 11.5 \\ 3.5 & 4.667 & 3.25 & 6 \\ 3.625 & 4.5 & 2.5 & 5.5 \\ 3.625 & 4.83 & 2.75 & 5.5 \\ 4.625 & 3.833 & 0.5 & 1.5 \\ 3.75 & 4.333 & 2.75 & 5 \\ 3.75 & 4.667 & 2.75 & 5 \end{bmatrix}$$

$$X_3^{(V)}\begin{bmatrix} 4.375 & 4.167 & 1 & 2.5 \\ 4.25 & 4.333 & 1.25 & 3 \\ 4 & 4.667 & 1.75 & 4 \\ 3.875 & 4.5 & 2 & 4.5 \\ 4.25 & 4.333 & 1.5 & 3 \\ 4 & 4.667 & 2.25 & 4 \\ 3.875 & 4.5 & 2.5 & 4.5 \\ 4 & 4.667 & 1.75 & 4 \\ 3.75 & 4.667 & 2.25 & 5 \\ 3.375 & 4.5 & 3 & 6.5 \\ 2.5 & 3.333 & 4.5 & 10 \\ 3.75 & 4.667 & 2.5 & 5 \\ 4.125 & 4.5 & 1.5 & 3.5 \\ 4 & 4.667 & 2 & 4 \\ 3.125 & 4.167 & 4 & 7.5 \\ 4.75 & 3.667 & 0.5 & 1 \\ 3.25 & 4.333 & 3.25 & 7 \\ 3.25 & 4.333 & 3.75 & 7 \end{bmatrix}$$

附录4　6.4.4中各二级退出指标的评价权矩阵

根据式（4-6）求出各灰类的灰色评价系数，并由式（4-7）计算出各二级指标第e个灰类的评价权，构成第s退出方式所有二级指标的评价权矩阵：

$$R_1^{1R}=\begin{bmatrix}0.42 & 0.35 & 0.09 & 0.14\\ 0.36 & 0.34 & 0.10 & 0.20\\ 0.29 & 0.33 & 0.09 & 0.29\end{bmatrix} \qquad R_1^{(2R)}=\begin{bmatrix}0.30 & 0.32 & 0.13 & 0.25\\ 0.33 & 0.31 & 0.13 & 0.23\\ 0.24 & 0.30 & 0.13 & 0.33\end{bmatrix}$$

$$R_2^{1R}=\begin{bmatrix}0.28 & 0.32 & 0.12 & 0.28\\ 0.29 & 0.31 & 0.16 & 0.24\\ 0.22 & 0.28 & 0.16 & 0.34\end{bmatrix} \qquad R_2^{(2R)}=\begin{bmatrix}0.28 & 0.30 & 0.14 & 0.28\\ 0.42 & 0.35 & 0.09 & 0.14\\ 0.24 & 0.30 & 0.14 & 0.32\end{bmatrix}$$

$$R_3^{1R}=\begin{bmatrix}0.28 & 0.32 & 0.12 & 0.28\\ 0.24 & 0.30 & 0.14 & 0.32\end{bmatrix} \qquad R_3^{(2R)}=\begin{bmatrix}0.38 & 0.34 & 0.11 & 0.17\\ 0.24 & 0.30 & 0.14 & 0.32\end{bmatrix}$$

$$R_4^{(1R)}=\begin{bmatrix}0.12 & 0.16 & 0.22 & 0.50\\ 0.24 & 0.30 & 0.14 & 0.32\\ 0.10 & 0.13 & 0.19 & 0.58\\ 0.08 & 0.10 & 0.16 & 0.66\end{bmatrix} \qquad R_4^{(2R)}=\begin{bmatrix}0.19 & 0.25 & 0.20 & 0.36\\ 0.20 & 0.28 & 0.17 & 0.35\\ 0.10 & 0.13 & 0.19 & 0.58\\ 0.10 & 0.13 & 0.19 & 0.58\end{bmatrix}$$

$$R_5^{1R}=\begin{bmatrix}0.24 & 0.30 & 0.14 & 0.32\\ 0.19 & 0.26 & 0.18 & 0.37\\ 0.20 & 0.27 & 0.17 & 0.36\\ 0.42 & 0.35 & 0.09 & 0.14\end{bmatrix} \qquad R_5^{(2R)}=\begin{bmatrix}0.30 & 0.32 & 0.13 & 0.25\\ 0.27 & 0.30 & 0.15 & 0.27\\ 0.18 & 0.24 & 0.20 & 0.38\\ 0.53 & 0.38 & 0.03 & 0.06\end{bmatrix}$$

$$R_6^{(1R)}=\begin{bmatrix}0.17 & 0.23 & 0.22 & 0.38\\ 0.18 & 0.24 & 0.20 & 0.38\end{bmatrix} \qquad R_6^{(2R)}=\begin{bmatrix}0.21 & 0.29 & 0.18 & 0.32\\ 0.18 & 0.24 & 0.20 & 0.38\end{bmatrix}$$

$$R_1^{(3R)}=\begin{bmatrix}0.31 & 0.32 & 0.15 & 0.22\\ 0.21 & 0.28 & 0.16 & 0.35\\ 0.22 & 0.27 & 0.18 & 0.33\end{bmatrix} \qquad R_1^{(1V)}=\begin{bmatrix}0.38 & 0.34 & 0.11 & 0.17\\ 0.36 & 0.35 & 0.08 & 0.21\\ 0.32 & 0.33 & 0.12 & 0.23\end{bmatrix}$$

$$R_2^{(3R)}=\begin{bmatrix}0.21 & 0.27 & 0.17 & 0.35\\ 0.27 & 0.31 & 0.15 & 0.27\\ 0.20 & 0.27 & 0.18 & 0.35\end{bmatrix} \qquad R_2^{(1V)}=\begin{bmatrix}0.25 & 0.30 & 0.16 & 0.29\\ 0.25 & 0.29 & 0.16 & 0.30\\ 0.21 & 0.29 & 0.18 & 0.32\end{bmatrix}$$

$$R_3^{(3R)} = \begin{bmatrix} 0.25 & 0.32 & 0.13 & 0.30 \\ 0.32 & 0.33 & 0.13 & 0.22 \end{bmatrix} \quad R_3^{(1V)} = \begin{bmatrix} 0.24 & 0.27 & 0.17 & 0.32 \\ 0.15 & 0.20 & 0.22 & 0.44 \end{bmatrix}$$

$$R_4^{(3R)} = \begin{bmatrix} 0.19 & 0.26 & 0.17 & 0.37 \\ 0.23 & 0.31 & 0.15 & 0.31 \\ 0.11 & 0.14 & 0.22 & 0.53 \\ 0.36 & 0.35 & 0.08 & 0.21 \end{bmatrix} \quad R_4^{(1V)} = \begin{bmatrix} 0.13 & 0.17 & 0.20 & 0.50 \\ 0.19 & 0.26 & 0.18 & 0.37 \\ 0.11 & 0.15 & 0.20 & 0.54 \\ 0.09 & 0.12 & 0.18 & 0.61 \end{bmatrix}$$

$$R_5^{(3R)} = \begin{bmatrix} 0.15 & 0.20 & 0.22 & 0.43 \\ 0.19 & 0.26 & 0.18 & 0.37 \\ 0.07 & 0.09 & 0.13 & 0.71 \\ 0.48 & 0.37 & 0.05 & 0.10 \end{bmatrix} \quad R_5^{(1V)} = \begin{bmatrix} 0.20 & 0.27 & 0.18 & 0.35 \\ 0.22 & 0.29 & 0.16 & 0.33 \\ 0.16 & 0.21 & 0.21 & 0.42 \\ 0.48 & 0.37 & 0.05 & 0.10 \end{bmatrix}$$

$$R_6^{(3R)} = \begin{bmatrix} 0.27 & 0.32 & 0.14 & 0.27 \\ 0.37 & 0.35 & 0.06 & 0.21 \end{bmatrix} \quad R_6^{(1V)} = \begin{bmatrix} 0.22 & 0.29 & 0.15 & 0.33 \\ 0.22 & 0.29 & 0.15 & 0.33 \end{bmatrix}$$

$$R_1^{(2V)} = \begin{bmatrix} 0.15 & 0.20 & 0.21 & 0.44 \\ 0.30 & 0.33 & 0.11 & 0.26 \\ 0.17 & 0.23 & 0.19 & 0.41 \end{bmatrix} \quad R_2^{(2V)} = \begin{bmatrix} 0.34 & 0.34 & 0.08 & 0.24 \\ 0.23 & 0.29 & 0.17 & 0.31 \\ 0.27 & 0.31 & 0.15 & 0.27 \end{bmatrix}$$

$$R_3^{(2V)} = \begin{bmatrix} 0.16 & 0.21 & 0.22 & 0.41 \\ 0.29 & 0.31 & 0.11 & 0.29 \end{bmatrix} \quad R_4^{(2V)} = \begin{bmatrix} 0.14 & 0.18 & 0.23 & 0.45 \\ 0.16 & 0.21 & 0.22 & 0.41 \\ 0.11 & 0.14 & 0.22 & 0.53 \\ 0.10 & 0.14 & 0.20 & 0.56 \end{bmatrix}$$

$$R_5^{(2V)} = \begin{bmatrix} 0.20 & 0.27 & 0.19 & 0.34 \\ 0.22 & 0.28 & 0.16 & 0.34 \\ 0.22 & 0.29 & 0.16 & 0.33 \\ 0.44 & 0.37 & 0.05 & 0.14 \end{bmatrix} \quad R_2^{(2V)} = \begin{bmatrix} 0.24 & 0.27 & 0.17 & 0.32 \\ 0.23 & 0.29 & 0.17 & 0.31 \end{bmatrix}$$

$$R_1^{(3V)} = \begin{bmatrix} 0.36 & 0.35 & 0.08 & 0.21 \\ 0.33 & 0.34 & 0.10 & 0.23 \\ 0.28 & 0.32 & 0.12 & 0.28 \end{bmatrix} \quad R_2^{(3V)} = \begin{bmatrix} 0.26 & 0.30 & 0.14 & 0.30 \\ 0.33 & 0.33 & 0.11 & 0.23 \\ 0.27 & 0.31 & 0.15 & 0.27 \end{bmatrix}$$

$$R_3^{(3V)} = \begin{bmatrix} 0.25 & 0.29 & 0.16 & 0.29 \\ 0.28 & 0.32 & 0.12 & 0.28 \end{bmatrix} \qquad R_4^{(3V)} = \begin{bmatrix} 0.24 & 0.30 & 0.14 & 0.32 \\ 0.19 & 0.26 & 0.17 & 0.38 \\ 0.12 & 0.16 & 0.22 & 0.50 \\ 0.24 & 0.29 & 0.16 & 0.31 \end{bmatrix}$$

$$R_5^{(3V)} = \begin{bmatrix} 0.30 & 0.33 & 0.11 & 0.26 \\ 0.27 & 0.32 & 0.14 & 0.27 \\ 0.17 & 0.22 & 0.21 & 0.40 \\ 0.48 & 0.37 & 0.05 & 0.10 \end{bmatrix} \qquad R_6^{(3V)} = \begin{bmatrix} 0.18 & 0.24 & 0.18 & 0.39 \\ 0.18 & 0.24 & 0.20 & 0.38 \end{bmatrix}$$

$$R^{(2V)} = \begin{bmatrix} 0.18 & 0.23 & 0.19 & 0.40 \\ 0.28 & 0.32 & 0.13 & 0.27 \\ 0.21 & 0.25 & 0.18 & 0.36 \\ 0.12 & 0.16 & 0.22 & 0.50 \\ 0.24 & 0.29 & 0.16 & 0.32 \\ 0.23 & 0.28 & 0.18 & 0.31 \end{bmatrix} \qquad R^{(3V)} = \begin{bmatrix} 0.34 & 0.34 & 0.09 & 0.23 \\ 0.28 & 0.32 & 0.13 & 0.27 \\ 0.26 & 0.31 & 0.15 & 0.28 \\ 0.20 & 0.25 & 0.17 & 0.38 \\ 0.28 & 0.31 & 0.13 & 0.28 \\ 0.18 & 0.24 & 0.20 & 0.38 \end{bmatrix}$$

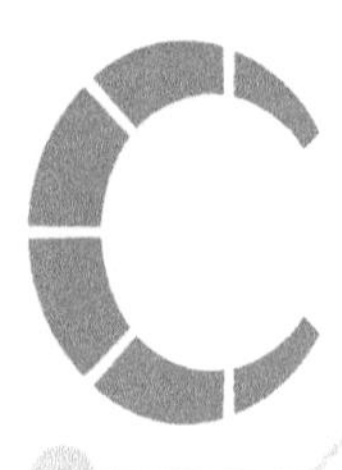

参考文献

[1] ABOODY D, BARTH M, KASZNIK R. SFAS No. 123 Stock-Based Compensation Expense and Equity Market Values [J]. Accounting Review, 2004, 79 (2).

[2] ADMATI A R, PFLEIDERER P, ZECHNER J. Large Shareholder Activism, Risk Sharing, and Financial Market Equilibrium [J]. Journal of Political Economy, 1994, 102 (6).

[3] AKERLOF G A. The Market for "Lemons": Quality Uncertainty and the Market Mechanism [J]. Quarterly Journal of Economics, 1970, 84 (3).

[4] ALLEN N J, MEYER J P. The Measurement and Antecedents of Affective, Continuance and Normative Commitment to the Organization [J]. Journal of Occupational Psychology, 1990, 63 (1).

[5] ANDERSON S R, PROKOP K, KAPLAN R S. Fast-Track Profit Models: More Powerful Due-Diligence Process for Mergers and Acquisition [J]. The Journal of Private Equity, 2007, 10 (3).

[6] ANG J S, BRAU J C. Firm Transparency and the Costs of Going Public [J]. The Journal of Financial Research, 2002, 25 (1).

[7] ANGWIN D. Mergers and Acquisitions across European Borders: National Perspectives on Preacquisition due Diligence and the Use of Professional Advisers [J]. Journal of World Business, 2001, 36 (1).

[8] ARROW K J, PRESS B. Production and Capital [M]. Boston, MA: Harvard University Press, 1985.

[9] BACHMANN R, SCHINDELE I. Theft and Syndication in Venture

Capital Finance [R]. Working Paper, Nanyang Technological University (NTU) - Division of Banking & Finance, 2006.

[10] BAEYENS K, MANIGART S. Follow-on Financing of Venture Capital Backed Companies: The Choice Between Debt, Equity, Existing and New Investors [R]. Working Paper, Vlerick Leuven Gent Management School, 2006.

[11] BALBOA M, MART J. Factors That Determine the Reputation of Private Equity Managers in Developing Markets [J]. Journal of Business Venturing, 2007, 22 (4).

[12] BARBARA C, OLLE P. Who's Who in Venture Capital Research [J]. Technovation, 2006, 26 (2).

[13] BARNES S, MENZIES V. Investment into Venture Capital Funds in Europe: An Exploratory Study [J]. Venture Capital, 2005, 7 (3).

[14] BASCHA A, WALZ U. Convertible Securities and Optimal Exit Decisions in Venture Capital Finance [J]. Journal of Corporate Finance, 2001, 7 (3).

[15] BEBCHUK L, FRIED J, WALKER D. Managerial Power and Rent Extraction in the Design of Executive Compensation [J]. University of Chicago Law Review, 2002, 69 (3).

[16] BEBCHUK L A, FRIED J M. Executive Compensation as an Agency Problem [J]. Journal of Economic Perspectives, 2003, 17 (3).

[17] BEMMELS B, LAU D C. Local Union Leaders' Satisfaction with Grievance Procedures [J]. Journal of Labor Research, 2001, 22 (3).

[18] BENTO A M, WHITE L F. Organizational form, Performance and Information Costs in Small Businesses [J]. Journal of Applied Business Research, 2001, 17 (4).

[19] BERNILE G, CUMMING D, LYANDRES E. The Size of Venture Capital and Private Equity Fund Portfolios [J]. Journal of Corporate Finance, 2007 (4).

[20] BERTRAND M, MULLAINATHAN S. Do CEOs Set Their Own Pay?

The Ones Without Principals Do [J]. Quarterly Journal of Economics, 2001, 116 (3).

[21] BEYER J, HASSEL A. The Effects of Convergence: Internationalization and the Changing Distribution of Net Value Added in Large German Firms [J]. Economy and Society, 2002, 31 (3).

[22] BIAIS B, PEROTTI E. Entrepreneurs and New Ideas [J]. Rand Journal of Economics, 2008, 39 (4).

[23] BIENZ C. A Pecking Order of Venture Capital Exits-What Determines the Optimal Exit Channel for Venture Capital Backed Ventures [R]. Working Papers, Goethe-University Frankfurt, 2004.

[24] BOIVIE S S. Sorting Things out: Valuation of New Firms in Uncertain Markets [J]. Strategic Management Journal, 2004, 25 (2).

[25] BOLTON P, SCHEINKMAN J, XIONG W. Executive Compensation and Short-Termist Behavior in Speculative Markets [J]. Review of Economic Studies, 2006, 73 (3).

[26] BONNER S E, LEWIS B L. Discussion of Determinants of Auditor Expertise [J]. Journal of Accounting Research, 1990, 28 (Supplement).

[27] BOTTAZZI L, DA RIN M, HELLMANN T. The Changing Face of the European Venture Capital Industry: Facts and Analysis [J]. Journal of Private Equity, 2004, 7 (2).

[28] BOURESLI A K, DAVIDSON W N, ABDULSALAM F A. Role of Venture Capitalists in IPO Corporate Governance and Operating Performance [J]. Quarterly Journal of Business & Economics, 2002, 41 (3-4).

[29] BRANDER J A, AMIT R, ANTWEILER W. Venture Capital Syndication Improved Venture Selection versus the Value-Added Hypothesis [J]. Journal of Economics and Management Strategy, 2002, 11 (3).

[30] BRAV A, GOMPERS P A. Myth or Reality? The Long-Run Underperformance of Initial Public Offering: Evidence from Venture and non

Venture-Backed Companies [J]. Journal of Finance, 1997, 52 (4).

[31] BROUTHERS K D, BROUTHERS L E, WILKINSON T J. Strategic Alliances: Choose Your Partners [J]. Long Range Planning, 1995, 28 (3).

[32] DE LA BRUSLERIE H, DEFFAINS-CRAPSKY C. Information Asymmetry, Contract Design and Process of Negotiation: The Stock Options Awarding Case [J]. Journal of Corporate Finance, 2008, 14 (2).

[33] BRUTON G D, KEELS J K, SCIFRES E L. Corporate Restructuring and Performance: An Agency Perspective on the Complete Buyout Cycle [J]. Journal of Business Research, 2002, 55 (9).

[34] BYGRAVE W D. Syndicated Investments by Venture Capital Firms: A Networking Perspective [J]. Journal of Business Venturing, 1987, 2 (2).

[35] CAO J, LERNER J. The Performance of Reverse Leveraged Buyouts [J]. Journal of Financial Economics, 2009, 91 (2).

[36] CASAMATTA C, HARITCHABALET C. Experience, Screening and Syndication in Venture Capital Investments [J]. Journal of Finance Intermediation, 2007, 16 (3).

[37] CASAMATTA C, HARITCHABALET C. Learning and Syndication in Venture Capital Investments [R]. Cepr Discussion Papers 3867, CEPR, 2003.

[38] CHAMPAGNE C, KRYZANOWSKI L. The Impact of Past Syndicate Alliances on the Consolidation of Financial Institutions [J]. Financial Management, 2008 (3).

[39] CHEN J. Ownership Structure as Corporate Governance Mechanism: Evidence from Chinese Listed Companies [J]. Economics of Planning, 2001, 34 (1-2).

[40] CHIAMPOU G F, KALLETT J J. Risk/return Profile of Venture Capital [J]. Journal of Business Venturing, 1989, 4 (1).

[41] CHOE C. Leverage, Volatility and Executive Stock Options [J]. Journal of Corporate Finance, 2003, 9 (5).

[42] COCHRANE J H. The Risk and Return of Venture Capital [J]. Journal of Financial Economics, 2005, 75 (1).

[43] COFFEY J, GARROW U, HOLBECHE L. Reaping the Benefits of Mergers and Acquisitions [M]. Taylor Francis Ltd, 2001.

[44] CORE J, GUAY W, LARKER F. Executive Equity Compensation and Incentive: A Survey [R]. Working Paper, Wharton School, 2001.

[45] CUMMING D J, MACHINTOSH J G. Venture-capital Exits in Canada and the United States [J]. University of Toronto Law Journal, 2003b, 53 (2).

[46] CUMMING D J, MACHINTOSH J G. A Cross-Country Comparison of Full and Partial Exits [J]. Journal of Banking and Science, 2003a, 27 (3).

[47] CUMMING D J, MACHINTOSH J G. Venture Capital Investment Duration in Canada and the United States [J]. Journal of Multinational Financial Management, 2001, 11 (4-5).

[48] CUMMING D J. Agency Costs, Institutions, Learning, and Taxation in Venture Capital Contracting [J]. Journal of Business Venturing, 2005, 20 (5).

[49] CUMMING D, JOHAN S A. Advice and Monitoring in Venture Finance [J]. Financial Markets Portfolio Management, 2007, 21 (1).

[50] CUMMING D, JOHAN S A. Provincial Preferences in Private Equity [J]. Financial Markets Portfolio Management, 2006, 20 (4).

[51] CUMMING D, SCHMIDT D, WALZ U. Legality and Venture Capital Governance around the World [J]. Journal of Business Venturing, 2010, 25 (1).

[52] CUMMING D, WALZ U. Private Equity Returns and Disclosure around the World [J]. Journal of International Business Studies, 2010, 41 (4).

[53] CUMMING D. Government Policy towards Entrepreneurial Finance: Innovation Investment Funds [J]. Journal of Business Venturing, 2007, 22 (2).

[54] CUNY C J, TALMOR E. A Theory of Private Equity Turnarounds [J]. Journal of Corporate Finance, 2007, 13 (4).

[55] DE CLERCQ D, DIMOV D. Explaining Venture Capital Firms' Syn-

dication Behaviour: A Longitudinal Study [J]. Venture Capital, 2004, 6 (4).

[56] DENICOL V, MARIOTTI M. Nash Bargaining Theory, Nonconvex Problems and Social Welfare Orderings [J]. Theory & Decision, 2000, 48 (4).

[57] DESSEIN W. Information and Control in Alliances and Ventures [J]. Journal of Finance, 2005, 60 (5).

[58] DILLER C, KASERER C. What Drives Private Equity Returns? -Fund Inflows, Skilled GPs, and/or Risk [J]. European Financial Management, 2009, 15 (3).

[59] DIXIT A K, PINDYCK R S. Investment Under Uncertainty [M]. Princeton University Press, 1994.

[60] DONALDSON G. Corporate Debt Capacity: A Study of Corporate Debt Policy and the Determinants of Corporate Debt Capacity [M]. Boston, MA: Harvard University press, 1961.

[61] DONALDSON L. The Ethereal Hand: Organizational Economics and Management Theory [J]. Academy of Management Review, 1990, 15 (3).

[62] DUFFNER S. Principal-Agent Problems in Venture Capital Finance [R]. Working Paper, University of Basel, 2003.

[63] ELTON E J, GRUBER M J, BLAKE C R. Common Factors in Mutual Fund Returns [J]. Social Science Electronic Publishing, 1998, 18 (1).

[64] EVCA. EVCA Yearbook 1998: A Survey of Private Equity & Venture Capital in Europe [R]. Zaventem, Belgium: European Private Equity & Venture Capital Association, 1998.

[65] FAUVER L, HOUSTON J F, NARANJO A. Capital Market Development, Integration, Legal Systems, and the Value of Corporate Diversification: A Cross-Country Analysis [J]. Journal of Financial & Quantitative Analysis, 2003, 38 (1).

[66] FEAVER P D. Crisis As Shirking: An Agency Theory Explanation of the Souring of American Civil-Military Relations [J]. Armed Forces and Socie-

ty, 1998, 24 (3).

[67] FENN G W, LIANG N, PROWSE S. The Economics of the Private Equity Market [R]. Working Paper, No. 168, Board of Governors of the Federal Reserve System, 1995.

[68] FIELDS P, FRASER D, BHARGAVA R. A Comparison of Underwriting Costs of Initial Public Offerings by Investment and Commercial Banks [J]. The Journal of Financial Research, 2003, XXVI (4).

[69] FILATOTCHEV I, WRIGHT M, ARBERK M. Venture Capitalists, Syndication and Governance in Initial Public Offerings [J]. Small Business Economics, 2006, 26 (4).

[70] FLORIN A D. Syndication and Partial Exit in Venture Capital: A Signaling Approach [R]. Working Paper, 2006.

[71] FRANCHINO F. Control of the Commission's Executive Functions: Uncertainty, Conflict and Decision Rules [R]. European Union Politics, 2000, 1 (1).

[72] FRANZKE S A, SCHLAG C. Over-allotment options in IPOs on Germany's Neuer Markt: An empirical investigation [R]. Cfs Working Paper, 2003.

[73] FUDENBERG D, TIROLE J. Preemption and Rent Equilization in the Adoption of New Technology [J]. Review of Economic Studies, 1985, 52 (3).

[74] GILSON R, SCHIZER D. Understanding Venture Capital Structure: A Tax Explanation for Convertible Preferred Stock [J]. Harvard Law Review, 2003, 116 (3).

[75] GOMPERS P, KOVNER A, LERNER J, et al. Venture Capital Investment Cycles: The Impact of Public Markets [J]. Journal of Financial Economics, 2008, 87 (1).

[76] GOMPERS P, LERNER J. The Challenge of Performance Assessment [M] // Private Equity and Venture Capital: A Practical Guide for Investors and Practitioners London, 2000.

[77] GOMPERS P, LERNER J. The Venture Capital Cycle [M]. 2nd edition, Cambridge: MIT Press, 2004.

[78] GOMPERS P, LERNER J. The Venture Capital Cycle [M]. Cambridge: MIT Press, 1999.

[79] GOMPERS P, LERNER J. The Venture Capital Revolution [J]. Journal of Economic Perspectives, 2001, 15 (2).

[80] GOMPERS P, LERNER J. Venture Capital Distributions: Short-Run and Long-Run Reactions [J]. Journal of Finance, 1998b, 53 (6).

[81] GOMPERS P, LERNER J, MARGARET M, et al. What Drives Venture Capital Fundraising [R]. Brookings Papers on Economic Activity: Microeconomics, 1998a.

[82] GOMPERS P. Grandstanding in the Venture Capital Industry [J]. Journal of Financial Economics, 1996, 42 (1).

[83] GRENADIER S R, WEISS A M. Investment in Technological Innovations: An Option Pricing Approach [J]. Journal of Financial Economics, 1997, 44 (3).

[84] GRENADIER S R. Leasing and Credit Risk [J]. Journal of Financial Economics, 1996, 42 (3).

[85] GRENADIER S R. Option Exercise Games: An Application to the Equilibrium Investment Strategies of Firms [J]. Review of Financial Studies, 2002, 15 (3).

[86] GROSMAN S, HART O. An Analysis of the Principal-Agent Problem [J]. Econometrica, 1983, 51 (1).

[87] GUGLER K, MUELLER D C, YURTOGLU B B. Corporate Governance and Globalization [J]. Oxford Review of Economic Policy, 2004, 20 (1).

[88] GUSTON D H. Stabilizing the Boundary between US Politics and Science: the Role of the Office of Technology Transfer as a Boundary Organization [J]. Social Studies of Science, 1999, 29 (1).

[89] HALL B H. The Financing of Research and Development [R]. NBER Working Paper No. 8773, 2002.

[90] HALL B J, LIEBMAN J B. Are CEOs Really Paid Like Bureaucrats? [J]. Quarterly Journal of Economics, 1998, 113 (3).

[91] HALL B J, MURPHY K J. Stock Options for Undiversified Executives [J]. Journal of Accounting and Economics, 2002, 33 (1).

[92] HALL B J, MURPHY K J. The Trouble with Stock Options [J]. Journal of Economic Perspectives, 2003, 17 (3).

[93] HELLMANN T F. IPOs, Acquisitions, and the Use of Convertible Securities in Venture Capital [J]. Journal of Financial Economics, 2006, 81 (3).

[94] HERMALIN B E, Wallace N E. Firm Performance and Executive Compensation in the Savings and Loan Industry [J]. Journal of Financial Economics, 2001, 61 (1).

[95] HILLMAN A J, DALZIEL T. Boards of Directors and Firm Performance: Integrating Agency and Resource Dependence Perspectives [J]. Academy of Management Review, 2003, 28 (3).

[96] HJORTSHOJ T. Managerial Risk - Shifting Incentives of Option - Based Compensation: Firm Risk, Leverage, and Moneyness [J]. Social Science Electronic Publishing, 2006, 6 (6).

[97] HOLMSTROM B, MILGROM P. Aggregation and Linearity in the Provision of Intertemporal Incentives [J]. Econometrica, 1987, 55 (2).

[98] HOLMSTROM B. Moral Hazard and Observability [J]. Bell Journal of Economics, 1979, 10 (1).

[99] HOPP C, RIEDER F. What Drives Venture Capital Syndication [R]. Working Paper, University of Konstanz, 2006.

[100] HUBBARD T N. The Demand for Monitoring Technologies: the Case of Trucking [J]. Quarterly Journal of Economics, 2000, 115 (2).

[101] HUISMAN K J M, KORT P M. Effects of Strategic Interactions on the

Option Value of Waiting [J]. Social Science Electronic Publishing, 1999, 92 (2).

[102] HUISMAN K J M. Technology Investment: A Game Theoretic Real Options Approach [M]. Boston: Springer press, 2001.

[103] HUNTER W C, JAGTIANT J. An Analysis of Advisor Choice, Fees, and Effort in Mergers and Acquisitions [J]. Review of Financial Economics, 2004, 12 (1).

[104] INDERST R, MÜLLER H. The Effect of Capital Market Characteristics on the Value of Start-Up Firms [J]. Journal of Financial Economics, 2004, 72 (2).

[105] JENSEN M C, SMITH C W. The Theory of Corporate Finance: A Historical Overview [J]. Social Science Electronic Publishing, 2000, 515 (5).

[106] JENSEN M, MECKLING W. Theory of the Firm: Managerial Behavior, Agency Costs, and Capital Structure [J]. Journal of Financial Economics, 1976 (3).

[107] JENSEN M C, MURPHY K J, WRUCK E G. Remuneration: Where We've been, How We Got to Here, What are the Problems, and How to Fix Them [J]. Social Science Electronic Publishing, 2004, 44 (7).

[108] JENSEN M. A Theory of the Firm: Governance, Residual Claims, and Organizational Forms [M]. Boston, MA: Harvard University Press, 2000.

[109] KAPLAN S N, RUBACK R S. The Valuation of Cash Flow Forecasts: An Empirical Analysis [J]. The Journal of Finance, 1995, 1 (4).

[110] KAPLAN S N, STRÖMBERG P. Leveraged Buyouts and Private Equity [J]. Journal of Economic Perspectives, American Economic Association, 2009, 23 (1).

[111] KAPLAN S, STRÖMBERG P. Characteristics, Contracts, and Actions: Evidence from Venture Capitalist Analyses [J]. Journal of Finance, 2004, 28 (6).

[112] KAPLAN S N, STRÖMBERG P. Financial Contracting Theory

Meets the Real World: An Empirical Analysis of Venture Capital Contracts [J]. Review of Economic Studies, 2003, 70 (4).

[113] KAPLAN S N, STRÖMBERG P. Venture Capitalists as Principals: Contracting, Screening, and Monitoring [J]. American Economic Review Papers and Proceedings, 2001, 91 (1).

[114] DILLER C, KASERER C. European Private Equity Funds: A Cash Flow Based Performance Analysis [J]. Social Science Electronic Publishing. 2004 (1).

[115] KEIBER K L. Managerial Compensation Contracts and Overconfidence [J]. SSRN Electronic Journal, 2002 (4).

[116] KERINS F J, SMITH J K, SMITH R L. Opportunity Cost of Capital for Venture Capitalists and Entrepreneurs [J]. Social Science Electronic Publishing, 2001, 39 (2).

[117] KIRILENKO A. Valuation and Control in Venture Finance [J]. Journal of Finance, 2001, 56 (2).

[118] KISER E. Comparing Varieties of Agency Theory in Economics, Political Science, and Sociology: An Illustration from State Policy Implementation [J]. Sociological Theory 1999, 17 (2).

[119] KOGUT B, URSO P, WALKER G. Emergent Properties of a New Financial Market: American Venture Capital Syndication, 1960-2005 [J]. Management Science, 2007, 53 (7).

[120] KRAFT V. Private Equity für Turnaround-Investitionen: Erfolgsfaktoren in Der Managementpraxis [M]. Frankfurt am Main: Campus, 2001.

[121] KRISHNASWAMI S, POTTIER S. Agency Theory and Participating Policy Usage Evidence from Stock Life Insurers [J]. Journal of Risk and Insurance, 2001, 68 (4).

[122] KULATILAKA N, PEROTTI E C. What is Lost by Waiting To Invest? [R]. Boston University Working Paper, 1994.

[123] KUNG C Y, WEN K L. Applying Grey Relational Analysis and Grey Decision-Making to Evaluate the Relationship Between Company Attributes and Its Financial Performance-A Case Study of Venture Capital Enterprises in Taiwan [J]. Decision Support Systems, 2007, 43 (3).

[124] KUT C, PRAMBORG B, SMOLARSKI J. Risk Management in European Private Equity Funds: Survey Evidence [J]. Journal of Private Equity, 2006, 9 (3).

[125] KUT C, SMOLARSKI J. Risk Management in Private Equity Funds: A Comparative Study of Indian and Franco-German Funds [J]. Journal of Developmental Entrepreneurship, 2006, 11 (1).

[126] LAFFONT J J, TIROLE J. The Dynamics of Incentive Contracts [J]. Econometrica, 1988, 56 (5).

[127] LAFFONT J J. Incentives and Political Economy [M]. Oxford: Oxford University Press, 2000.

[128] LAMBERT R A. Contracting Theory and Accounting [J]. Journal of Accounting and Economics, 2001, 32 (1-3).

[129] LAMBRECHT B M, PERRAUDIN W. Real Options and Preemption Under Incomplete Information [J]. Journal of Economic Dynamics and Control 2003, 27 (4).

[130] LAMBRECHT B, PERRAUDIN W. Real Options and Preemption [R]. Working Paper, Cambridge University, 1996.

[131] LAUTERBACH R, WELPE I M, FERTIG J. Performance Differentiation: Cutting Losses and Maximizing Profits of Private Equity and Venture Capital Investments [J]. Financial Markets Portfolio Management, 2007, 21 (1).

[132] LEE P M, WAHAL S. Grandstanding, Certification and the Underpricing of Venture Capital Backed IPOs [J]. Journal of Financial Economics, 2004, 73 (2).

[133] LEHMANN E E. Does Venture Capital Syndication Spur Employ-

ment Growth and Shareholder Value? Evidence from German IPO Data [J]. Small Business Economics, 2006, 26 (5).

[134] LERNER J, HARDYMON F. Venture Capital and Private Equity: A Casebook [M]. New York: John Wiley & Sons, Inc, 2002.

[135] LERNER J. Venture Capital and Private Equity-A Casebook [M]. New York: John Wiley & Sons, Inc, 1999.

[136] LERNER J. Venture Capital Special Issue ‖ The Syndication of Venture Capital Investments [J]. Financial Management, 1994, 23 (3).

[137] LESCHKE J. Exiterfahrungen im deutschen Beteiligungsmarkt [M] // JUGEL S. (ed): Private Equity Investments: Praxis des Beteiligungsmanagements. Wiesbaden: Gabler, 2003.

[138] LI Y. Duration Analysis of Venture Capital Staging: A Real Options Perspective [J]. Journal of Business Venturing, 2008, 23 (5).

[139] LIEBER D. Proactive Portfolio Management: Manage Now to Realize Returns Later [J]. Journal of Private Equity, 2004 (1).

[140] LIN T H, SMITH R L. Insider Reputation and Selling Decisions: the Unwinding of Venture Capital Investments during Equity IPOs [J]. Journal of Corporate Finance, 1998, 4 (3).

[141] LITTLER D A. Design and Marketing of New Products [J]. R&D Management, 1981, 11 (3).

[142] LJUNGQVIST A, RICHARDSON M P. The Investment Behavior of Private Equity Fund Managers [J]. SSRN Electronic Journal, 2003, 10 (1).

[143] LOCKETT A, WRIGHT M. The Structure and Management of Syndicated Venture Capital Investments [J]. The Journal of Private Equity, 2002, 5 (1).

[144] LOCKETT A, WRIGHT M. The Syndication of Private Equity: Evidence from UK [J]. Venture Capital, 1999, 1 (4).

[145] LOCKETT A, WRIGHT M. The Syndication of Venture Capital Investments [J]. Omega, 2001, 29 (5).

[146] LOSSEN U. Portfolio Strategies of Private Equity Firms: Theory and Evidence [M]. Wiesbaden: GWV Fachverlage GmbH, 2007.

[147] MAJONE G. Nonmajoritarian Institutions and the Limits of Democratic Governance: A Political Transaction-Cost Approach [J]. Journal of Institutional and Theoretical Economics, 2001, 157 (1).

[148] MANIGART S, LOCKETT A, MEULEMAN M, et al. Venture Capitalists' Decision to Syndicate [J]. Entrepreneurship Theory and Practice, 2006, 30 (2).

[149] MARTENS B, MUMMERT U, MURRELL P, et al. The Institutional Economics of Foreign Aid [M]. Cambridge: Cambridge University Press, 2002.

[150] MARTIN K J, THOMAS R S. When Is Enough, Enough? Market Reaction to Highly Dilutive Stock Option Plans and the Subsequent Impact on CEO Compensation [J]. Journal of Corporate Finance, 2005, 11 (1-2).

[151] MASON R, WEEDS H. Irreversible Investment with Strategic Interactions [R]. Cepr Discussion Papers, 2001.

[152] MCDONALD R L, SIEGEL D R. Investment and the Valuation of Firms When There is an Option to Shut Down [J]. International Economic Review, 1985, 26 (2).

[153] MCPHADEN M J, RIPA P. Wave-Mean Flow Interactions in the Equatorial Ocean [J]. Annual Review of Fluid Mechanics, 1990, 22 (1).

[154] MEEK V. When Is an Exit not An Exit? [J]. European Venture Capital Journal, 2005, 118 (1).

[155] MERTON R C. Application of Option-Pricing Theory: Twenty-Five Years Later [J]. American Economic Reviews, 1998, 88 (3).

[156] MERTON R C. On the Pricing of Contingent Claims and the Modigliani-Miller Theorem [J]. Journal of Financial Economics, 1977, 5 (3).

[157] MEULEMAN M, MANIGART S, LOCKETT A, et al. Transaction

Costs, Behavioral Uncertainty and the Formation of Interfirm Cooperations: Syndication in the UK Private Equity [R]. Working Paper, 2006.

[158] MILGROM H P. Aggregation and Linearity in the Provision of Intertemporal Incentives [J]. Econometrica, 1987, 55 (2).

[159] MILLER G J, WHITFORD A B. Trust and Incentives in Principal-Agent Negotiations: the "Insurance/Incentive Trade-off" [J]. Journal of Theoretical Politics, 2002, 14 (2).

[160] MILLER J L. The Board as a Monitor of Organizational Activity: The Applicability of Agency Theory to Nonprofit Boards [J]. Nonprofit Management and Leadership, 2002, 12 (4).

[161] MÜLLER K. Investing in Private Equity Partnerships: The Role of Monitoring and Reporting [M]. GWiesbaden: WV Fachverlage GmbH, 2008.

[162] NARAYANAN M P, SEYHUN H N. The Dating Games: Do Managers Designate Option Grant Dates to Increase their Compensation? [R]. Working Paper, University of Michigan, 2006.

[163] NEUS W, WALZ U. Exit Timing of Venture Capitalists in the Course of an Initial Public Offering [J]. Journal of Financial Intermediation, 2005, 14 (2).

[164] NIELSEN K M. Institutional Investors and Private Equity [J]. Review of Finance, 2008, 12 (1).

[165] NORTON E, TENENBAUM B H. Specialization Versus Diversification as a Venture Capital Investment Strategy [J]. Journal of Business Venturing, 1993, 8 (5).

[166] O'SULLIVAN N. The Determinants of Non-Executive Representation on the Boards of Large UK Companies [J]. Journal of Management and Governance, 2000, 4 (4).

[167] PENNINGS E, LINT O. Market Entry, Phased Rollout or Abandonment? A Real Option Approach [J]. European Journal of Operational Research,

2000, 124 (1).

[168] PEROTTI E, ROSSETTO S. Unlocking Value: Equity Carve Outs as Strategic Real Options [J]. Journal of Corporate Finance, 2007, 13 (5).

[169] PICHLER P, WILHELM W. A Theory of the Syndicate: Form Follows Function [J]. Journal of Finance, 2001, 56 (6).

[170] PORTA R L, LAKONISHOK J, SHLEIFER A, et al. Good News for Value Stocks: Further Evidence on Market Efficiency [J]. Journal of Finance 1997, 52 (2).

[171] POVALY S. Private Equity Exits Divestment Process Management for Leveraged Buyouts [M]. Berlin Heidelberg: Springer Press, 2007.

[172] PRATT S E. Guide to Venture Capital Sources [M]. 5th Edition, Wellesley, MA: Capital Publishing, 1981.

[173] RAU P R. Investment Bank Market Share, Contingent Fee Payments, and the Performance of Acquiring Firms [J]. Journal of Financial Economics, 2000, 56 (2).

[174] REINGANUM J F. On the Diffusion of New Technology: A Game Theoretic Approach [J]. The Review of Economic Studies, 1981, 48 (3).

[175] RICHARD O. Valuation of Internal Growth Opportunities: The Case of A Biotechnology Company [J]. Quarterly Review of Economics and Finance, 1998, 38 (Special Issue).

[176] ROSS S A. Compensation, Incentives, and the Duality of Risk Aversion and Riskiness [J]. Journal of Finance, 2004, 59 (1).

[177] ROSS S A. The Economic Theory of Agency: The Principal' s Problem [J]. American Economic Review, 1973, 63 (2).

[178] RYAN H, Wiggins R. Who Is in Whose Pocket? Director Compensation, Board Independence, and Barriers to Effective Monitoring [J]. Journal of Financial Economics, 2004, 73 (3).

[179] SAH R K, STIGLITZ J E. The Quality of Managers in Centralized

Versus Decentralized Organizations [J]. Quarterly Journal of Economics, 1991, 106 (1).

[180] SAPIENZA H J, KORSGAARD M A, GOULET P K, et al. Effects of Agency Risks and Procedural Justice on Board Processes in Venture Capital-backed Firms [J]. Entrepreneurship & Regional Development, 2000, 12 (4).

[181] SAPIENZA H J, MANIGART S, VERMEIR W. Venture Capitalist Governance and Value Added in Four Countries [J]. Journal of Business Venturing, 1996, 11 (6).

[182] SARKAR M B, AULAKH P S, CAVUSGIL S T. The Strategic Role of Relational Bonding In Inter-Organizational Collaborations: An Empirical Study of the Global Construction Industry [J]. Journal of International Management, 1998, 4 (2).

[183] SAUTNER Z, WEBER M. Corporate Governance and the Design of Stock Option Programs [R]. EFA Zurich Meetings, Working Paper, 2006.

[184] SCHWIENBACHER A. Venture Capital Investment Practices in Europe and the United States [J]. Financial Markets and Portfolio Management, 2008, 22 (3).

[185] SEPPA T J, LAAMANEN T. Valuation of Venture Capital Investments: Empirical Evidence [J]. R&D Management, 2001, 2 (31).

[186] SHEFRIN H. Behavioral Corporate Finance [J]. Journal of Applied Corporate Finance, 2001, 14 (3).

[187] SHORT H, KEASEY K, DUXBURY D. Capital Structure, Management Ownership and Large External Shareholders: A UK Analysis [J]. International Journal of the Economics of Business, 2002, 9 (3).

[188] SILVA D, ROSA R, LEE P, et al. Competition in the Market for Takeover Advisers [J]. Australian Journal of Management, 2004, 29 (Special Issue).

[189] SINHA A, GONZALES W, AASE J. Beyond M & A and IPOs: Exploring Alternative Liquidation/ Financing Options for Venture Capital Firms and Their Portfolio Companies [J]. The Journal of Private Equity, 2005, 8 (3).

[190] SMITH T J, ANKUM L A. A Real Options and Game-Theoretic Approach to Corporate Investment Strategy under Competition [J]. Financial Management, 1993, 22 (3).

[191] SMOLARSKI J, VERICK H, FOXEN S, et al. Risk Management in Indian Venture Capital and Private Equity Firms: A Comparative Study [J]. Thunderbird International Business Review, 2005, 47 (4).

[192] SMOLARSKI J. Investment Analysis in the Private Equity Industry: A Study of La Porta's Argument [J]. International Journal of Emerging Markets, 2007, 2 (4).

[193] SORENSON O, Stuart T E. Bringing the Context Back In: Settings and the Search for Syndicate Partners in Venture Capital Investment Networks [J]. Administrative Science Quarterly, 2008, 53 (2).

[194] SPREMANN K. Asymmetrische Information [M]. Zeitung für Betriebswirtschaft, 1990.

[195] STEWART T M, SHROFF C S. Investing in Indian PIPEs [J]. The Journal of Private Equity, 2007, 10 (3).

[196] TELLIS G. The Price Elasticity of Selective Demand: A Meta Analysis of Econometric Models of Sales [J]. Journal of Marketing Research, 1988, 25 (4).

[197] THOMAS D. Investment and Capacity Choice under Uncertain Demand [J]. European Journal of Operational Research, 1999, 117 (3).

[198] TYKVOV T, WALZ U. How Important is Participation of Different Venture Capitalists in German IPOs? [J]. Global Finance Journal, 2007, 17 (3).

[199] TYKVOV T. Who Chooses Whom? Syndication, Skills and Reputation [J]. Review of Financial Economics, 2007, 16 (1).

[200] VAN DEN BERGHE L A A, LEVRAU A. The Role of the Venture Capitalist as Monitor of the Company: A Corporate Governance Perspective [J]. Corporate Governance An International Review, 2002, 10 (3).

[201] VAN OSNABRUGGE M. A Comparison of Business Angel and Venture Capitalist Investment Procedures: An Agency Theory-based Analysis [J]. Venture Capital, 2000, 2 (2).

[202] VON WERDER A, PAUL M. Private Equity Plays Bigger Role in M&A [J]. International Financial Law Review, 2005, 24 (3).

[203] WALL T D, MICHIE J, PATTERSON M, et al. On the Validity of Subjective Measures of Company Performance [J]. Personnel Psychology, 2004, 57 (1).

[204] WHALEY M, SEMLER F J. International Business Acquisitions: Major Legal Issues and Due Diligence [M]. 2nd edition, London: Kluwer Law International, 2002.

[205] WHITE H. Agency as Control [M] //Pratt J, Zeckhauser R. Principals and Agents: The Structure of Business. Boston: Harvard Business Scholl Press, 1985.

[206] WILLIAMSON O E. Managerial Discretion and Business Behavior [J]. American Economic Review, 1963, 53 (5).

[207] WISEMAN R M, GOMEZ-MEJIA L R. A Behavioral Agency Model of Managerial Risk Taking [J]. Academy of Management Review, 1998, 23 (1).

[208] WRIGHT M, HOSKISSON R E, Busenitz L W, et al. Finance and Management Buyouts: Agency Versus Entrepreneurship Perspectives [J]. Venture Capital, 2001a, 3 (3).

[209] WRIGHT M, LOCKETT A. The Structure and Management of Alliances: Syndication in the Venture Capital Industry [J]. Journal of Management Studies, 2003, 40 (8).

[210] WRIGHT M, ROBBIE K. Venture Capital and Private Equity: A

Review and Synthesis [J]. Journal of Business Finance & Accounting, 1998, 25 (5-6).

[211] WRIGHT M, WEIR C, BURROWS A. Irrevocable Commitments, Going Private and Private Equity [J]. European Financial Management, 2007, 13 (4).

[212] WRIGHT P, MUKHERJI A, KROLL M J. A Reexaminations of Agency Theory Assumptions: Extensions and Extrapolations [J]. Journal of Socio-Economics, 2001b, 30 (5).

[213] XU X E. Venture Capital and Buyout Funds as Alternative Equity Investment Classes [J]. Journal of Investing, 2004, 13 (4).

[214] ZEY M, CAMP B. The Transformation from Multidimensional form to Corporate Groups of Subsidies in the 1980s: Capital Crisis Theory [J]. Sociological Quarterly 1996, 37 (2).

[215] ZEY M, SWENSON T. The Transformation of the Dominant Corporate form from Multidivisional to Multisubsidiary: The Role of the 1986 Tax Reform Act [J]. Sociological Quarterly, 1999, 40 (2).

[216] ZHANG X B, ZHANG Z G. Study on Venture Investment Model Base on the Option-Game Theory [J]. Advances in Systems Science and Applications, 2008, 8 (4).

[217] 安瑛晖, 张维. 期权博弈理论的方法模型分析与发展 [J]. 管理科学学报, 2001 (1).

[218] 陈黎明, 邱菀华. 不确定环境下新技术投资策略模型研究 [J]. 管理科学学报, 2005 (4).

[219] 范龙振, 唐国兴. 投资机会的价值与投资决策——几何布朗运动模型 [J]. 系统工程学报, 1998 (3).

[220] 龚朴, 蒙坚玲. 基于期权博弈的可转换债券最优策略分析 [J]. 管理工程学报, 2009 (1).

[221] 李洪江, 曲晓飞, 冯敬海. 阶段性投资最优比例问题的实物期

权方法［J］. 管理科学学报，2003（1）.

［222］李忠云，龙勇，张宗益. 技能型战略联盟合作效应和企业讨价还价能力实证研究［J］. 中国软科学，2004（12）.

［223］卢燕，汤建影，黄瑞华. 合作研发伙伴选择影响因素的实证研究［J］. 研究与发展管理，2006（1）.

［224］潘红波，夏新平，余明桂. 政府干预、政治关联与地方国有企业并购［J］. 经济研究，2008（4）.

［225］王雷，党兴华. 联合投资伙伴选择、伙伴关系与风险企业成长绩效关系研究［J］. 商业经济与管理，2008（4）.

［226］张兆国，戚拥军，罗勇. 资本结构与产品市场竞争研究评述［J］. 经济学动态，2008（1）.